原来都是
注意力问题

［韩］李林淑 卢善美 著

徐丽红 译

广东经济出版社
·广州·

果麦文化 出品

序 孩子为什么会走神

"拜托！你认真点儿！"

父母的期待如此恳切，孩子却置若罔闻，分心别处。对于自己喜欢的事，孩子可以保持专注，为什么在重要的事情上却又如此散漫？

如果你也有过这种郁闷的心情，那么有件重要的事情你要了解。专注于自己喜欢的事情的能力是与生俱来的，然而集中于该做的事情的注意力却需要刻意培养。

性格不同的人，专注的时间也有所差异，但每个人都可以毫不费力地投入自己喜欢的事情。然而日常生活中，面对不得不做的事情或者学习，我们的态度就截然不同了。有的人容易陷入敷衍了事、极度散漫的状态，记忆力表现不佳，常常拖延不肯开始，或者开始了任务却无法坚持到底。

随着年龄的增长，需要孩子自己解决的事也越来越多，如果他无法调整想玩乐的冲动和不想做事的心态，该如何是好呢？父母一味地责怪孩子，导致父母和孩子都很郁闷，这令我们深思：孩子到底为什么会这样？

这是因为孩子的注意力没有培养起来。如果注意力充分发展，即使他没有兴趣，也会选择专注于必须做的事情，而且能够坚持下去，摒弃周围的妨碍性刺激。如果有更重要的事，也能够转换注意力，先把重要的事情处理好，然后回到原来做的事情，重新投入。有时还会根据需要将注意力分配给两件以上的事情。

孩子可能拥有这样的注意力吗？注意力是日常生活和学习当中非常重要的核心认知能力，随着大脑额叶的发育而发展。当然也不是自动发展，父母和老师应该在孩子的成长过程中提供持续的刺激和训练，帮助孩子提高注意力。

"孩子的注意力本来很好，可遇到不想做的事情，表现就会一塌糊涂，做作业的时候也很不专心。"

我们从二十五年前开始做相关咨询工作，听到父母倾诉最多的苦恼就是孩子的注意力问题。多年过去了，这个问题依然没有改善。庆幸的是，社会对此问题的关注度在提高，人们对注意缺陷多动障碍（ADHD）已经非常熟悉了。但父母仍然不了解孩子的注意力发展得怎么样，应该如何培养，面对散漫的孩子，只会担心他是不是患有ADHD。

现在，我们有必要观察孩子注意力的状况，为他们提供具有实质性帮助的、细致的策略方法。因此，我们想和大家分享我们在咨询中帮助孩子提高注意力所使用的训练方法。尤其是，我们尽可能将这些实用方法编写得细致而具体，足以供专业人士参考。当然，大家无须担心这些方法会很难、很复杂，或者不便在家里实践。很多情况下你可能已经知道这些方法，但没有意识到它们的意义和价值，或者不太清楚如何运用这些方法激发和发展孩子的注意力。希望各位带上好奇心和实践的欲望一起来实践一下。

第一章明确了注意力的概念，并总结了容易混淆的"集中力"和"注意力"的差异，说明其重要性。同时，通过具体事例告诉大家，孩子在日常生活和学习过程中反复出现的问题可能是由于注意力不够，气质、环境、情绪等因素也会妨碍注意力的顺利发展。

第二章提出了构成孩子注意力的三要素。根据不同功能，注意力通常可分为五种：焦点注意力、选择注意力、转换注意力、持续注意力和分割注意力。本章对各种注意力的含义和功能做了浅显易懂的解释。这五种注意力密切合作，对孩子注意力的正常发挥起到决定性作用。

第三章和第四章详细介绍了物理条件（视觉、听觉）、心理环境对孩子注意力的重要影响，以及怎样调节物理条件、心理环境的要素才能有助于孩子的注意力发展。我们详细介绍了非常重要的"事例概念化"和"结构化"方法。同时，我们还介绍了注意力训练过程中根据不同孩子的情况采用的七种治疗性心理对话法。这是鼓励孩子顺利进行注意力训练的有效对话方法，希望各位能够付诸行动。

第五章讨论了近年来被广泛关注的过度使用电子产品的问题，还介绍了培养孩子注意力的方法，避免数字媒体的强烈刺激偷走孩子的注意力。这里介绍的六种身体活动能够给孩子们带来比数字媒体娱乐更多的快乐。

第六章讨论了和注意力同时发挥作用的工作记忆力的重要性，介绍了有助于提高工作记忆力的活动。这部分还针对不同类型注意力的培养介绍了一些有趣的游戏，这些游戏都是在针对注意力不足的孩子而进行的专业注意力训练中常用到的，配有详细说明，我们在家里也可以轻松使用。

各位读者不必有压力，觉得这些方法需要全部记住并且实践。其实，大部分培养注意力的方法都不是只激发特定种类的注意力，而是有机地发挥作用，具有提升多种注意力的强烈效果。

孩子并不是缺少意志和努力。出于对孩子的关爱，每个家长都花了大量心思，然而真正的关爱不仅要关注孩子的情绪，还应该培养孩子的注意力，为他们的思想和认知能力打下稳固的根基。为了孩子，我们将和各位一起分享过去二十多年的经验和研究，以及积累的心得。愿世间所有的孩子都能实现光彩熠熠的自我成长。

李林淑、卢善美 敬上

目 录

第一章 为什么必须关注孩子的注意力　　001

01 父母并不了解孩子的注意力　　002

02 投入"注意"并"集中"　　008

03 日常注意力 不仅影响学习也影响生活态度　　015

04 学习注意力 虽然有学习意愿但难以做好　　021

05 是什么妨碍了孩子的注意力　　029

第二章 父母必须了解的五种注意力　　039

01 构成注意力的三要素　　040

02 焦点注意力 有的孩子总是错过最重要的事情　　046

03 选择注意力 专注于非必要之事的孩子　　053

04 转换注意力 固执于手头事务的孩子　　062

05 持续注意力 做事没耐心的孩子　　069

06 分割注意力 无法专注于两种以上事物的孩子　　076

第三章 培养注意力的环境　　083

01 物理环境对注意力影响巨大　　084

02 提高注意力的"事例概念化"和"结构化"　　092

03 交给孩子能够获得成功的任务　　102

第四章 孩子的注意力取决于与父母的对话   109
01 孩子需要治愈式父母对话法   110
02 绝对不能跟注意力不足的孩子说的话   113
03 促进注意力的七种心理对话法   117

第五章 克服对数字媒体的依赖,培养注意力   135
01 对数字媒体的过度依赖   136
02 自发注意是核心   146
03 让孩子有智慧地使用智能手机   152
04 战胜数字媒体的身体活动   166

第六章 注意力:了解方法,谁都能培养出来   183
01 注意力和工作记忆力是梦幻搭档   184
02 孩子的注意力是怎样发展的   208
03 4—7 岁孩子的焦点注意力培养   213
04 小学一至三年级孩子的选择注意力培养   224
05 小学一至三年级孩子的转换注意力培养   234
06 小学四至六年级孩子的持续注意力培养   246
07 小学四至六年级孩子的分割注意力培养   262

第一章

为什么必须关注孩子的注意力

01
父母并不了解孩子的注意力

•• 为什么无法投入

"这个游戏我最擅长了。我从 5 岁起就玩得很好了。"

寻找隐藏图画的游戏要求参与者从图中找出 10 种物品，7 岁的河律对此自信满满，他的眼睛闪闪发光，仔细地观察着。我很好奇孩子会表现出怎样的态度，看到他那么兴奋，那么自信，我也就放心了。游戏刚开始，他就很轻松地找出了画中的酒壶。

"您看，我很会找吧？"

"哇，真的啊。你观察得很仔细，找得很准。"

河律在酒壶上画了个圆圈标记，然后继续寻找下一个。可是……

"手套在哪儿？哎呀，我要找铅笔……"

手套和铅笔都不容易发现。孩子皱起眉头，突然这样说道："啊，没意思。这个太简单了，我不玩了。"

刚刚还自信满满的态度消失了。变化来得太突然，我甚至有点儿不知所措。

"你刚才在找什么？"

"没有。我什么也没找。这个以前玩过很多次，玩够了。我想玩别的。"

孩子的心情急转直下，表现得和先前完全不同了。他没说因为困难而不做，而是说因为无聊而不做，这样说可以维护他的自尊心。孩子没能坚持做完一件事，只是假装自己对此很擅长，这让河律的妈妈忧心忡忡。开始还以为孩子充满自信，后来发现并非如此，河律妈妈担忧地问："这可怎么办啊？"河律马上就要入学，本应该好好学习，可他对游戏中遇到的困难都表现得很不耐烦，将来怎么应对小学生活呢？妈妈没法不担心。

善宇已经上小学四年级了，然而父母的担忧却只多不少。

"孩子明明会做，却总是做错。不把题目看全，明明让选错的，偏偏选了对的。计算题应该检查啊，可是他从来不检查；有的时候明明答出来了，却没有写进答题栏。老师会故意判错，为的是提醒孩子注意。明明是要求写出说明的主观题，却只写答案，哪怕答案对了，老师也判错，孩子感觉委屈。不管怎么教育，情况都没有好转，这样的失误天天在重复。班主任老师也担心是孩子的注意力太不集中，导致频频犯错，这样上了初中，可能就会彻底放弃学习。老师说孩子应该接受注意力方面的训练，可是我们也不知道怎么办。孩子会不会有多动症，还是有更严重的问题？"

河律长大之后，很有可能出现和善宇一样的行为。仅仅看 7 岁孩子的行为，还可以说是可爱，然而孩子进入高年级后，问题就会变得更加严重。即使给予再多理解、再多安慰，这些行为也没有改变。父母凭借以前了解的育儿常识可能无法解决这个问题。那么，为了解决这个问题，我们现在必须知道孩子此种表现的准确原因是什么，更要了解让孩子改变的恰当方法。

•• 父母还不知道的重要事实

我们来仔细分析 7 岁的河律和 11 岁的善宇出现这些行为的原因。他们是不听话的孩子吗？他们很固执吗？散漫吗？耐心不够吗？作业对孩子来说太难吗？又或者作业太过简单，孩子提不起兴趣？以上哪种理由是正确的呢？以善宇为例，如果他的行为仅仅被理解为只是因失误而犯错，实际上他什么都知道，可能会稍感欣慰。不过，失误也能反映孩子当前的水平。"孩子明明会却做错"，我们万万不可用这样的话来掩盖问题。下列是很多孩子都会反复出现的行为。

- 不能认真听指示语和说明,随心所欲。
- 面对需要注意力的任务时分心走神,乱发脾气,抗拒。
- 只做想做的事,应该做的却不做。
- 散漫,毛躁,坐不住。
- 耐心不足,做事有始无终。

如果这些问题持续反复的话,那就应该准确了解原因,然后通过有效的方法给予孩子帮助,不能只想着情况会慢慢变好的。在低年级阶段坐视不管,等到高年级时,情况会更糟糕。重要的是,造成这些问题的最大原因就是注意力不集中。如果不了解孩子行为背后的原因,当孩子有这些行为的时候,以为只要孩子下决心努力就行了,就会把问题归咎于孩子不够努力。

不妨回想一下自己的小时候。到了读书、解答数学题、背英语单词的时间,我们也会很努力地集中注意力,但结果未必能尽如人意。尽管我们也想专注于学习内容,却怎么也做不到。原本坚定地想要努力学习,书本翻开了,却一个字也看不进去,总是被窗外的风景夺走注意力,或者因为和朋友开玩笑而没有听见老师的话。如果现在可以回到童年,我会让自己充满斗志，竭尽全力地努力学习。遗憾的是，如果注意力的问题得不到解决，那么类似的情况还会不断重演。

孩子之所以无法专注于要做的事情，原因就在于不能倾注"注意"，或者不能"集中"。不光学习是这样，日常生活和游戏也是如此。记不住爸爸妈妈说过的话，说过多少遍也无法付诸行动，搭积木或画画、做手工的时候常常中途放弃，很多时候都是因为注意力不够，不能专注于要做的事情。

面对孩子们的这些情况，周围的人提出了哪些建议呢？不过是要么严厉训斥，强迫孩子完成，要么听之任之，觉得以后会变好。我们不能被这种没有责任感的意见左右，也不能因为孩子年纪小而无所谓，觉得现在还是幼儿，上了小学以后就好了。注意力问题几乎没有随年龄增长自动好转的可能，注意力也不会因为下定决心而有所提高。集中注意的力量不是自然获得的，而是需要从小逐步练习和训练才能获得的能力。

大部分父母不了解的是，专注能力引发的行为问题非常多。从日常生活和游戏到难解的数学题，如果不去逐渐培养孩子的专注能力，而认为只要努力就已足够，那就错过了解决孩子行为问题的重要时机。

如果你不理解为什么别的孩子做什么事都很专心，只有你的孩子这样，那也是因为你不了解注意力问题。别的孩子也不是生来就能做好。如果仔细观察那个孩子的成长过程，你就会发现他做了很多提升注意力的训练。关于孩子注意力的问题，我们从现在开始讲述应该了解的事项。

02 投入"注意"并"集中"

•• 注意力和集中力有何不同

注意力、集中力、专注力,这三个词语在日常使用中并没有明显差异。我们看到孩子沉浸于自己喜欢的事情,听不见别人说话,以为这就是注意力高度集中。那么,我们有必要了解这些用语。

先来看"注意"和"集中"。

词语	定义	特点
注意	有意识地将关注点投入某个地方或某件事情	· 需要做的事,不感兴趣也要做的事 · 在意周围的情况
集中	对某件事倾注全部力量	· 喜欢的事,关心的事 · 不在意周围的情况

两个词语的意思看似差不多,其实有所不同。"集中"的特点是将全部力量倾注于某件事而错过了其他需要关注的事

情。沉浸在自己喜欢的游戏和活动之中，完全听不见周围的声音，只是沉浸于这件事情。

相比之下，"注意"则是有意识地将关注点投入某件事。不论喜欢还是不喜欢，只要是现在该做的事，就要去关注。这就是"注意"的基础。归根结底，只在自己喜欢的游戏、活动或科目上有较好的集中力，与注意力的有无是两个不同的问题。

注意力是聚焦于必须完成的作业或者不喜欢也要达成的目标，面对周围的刺激毫不动摇，全力以赴地去完成。因此，判断注意力的核心标准就是面对不感兴趣的事情，能够发挥集中力的程度。面对不愿做却又必须做的事情，集中的能力就是注意力。比如，当父母或老师说"看这里"的时候，孩子能够停下正在做的事情，转移注意，投入指定的事项。

父母需要准确了解注意力和集中力，然后才能帮助孩子。因为注意力和集中力会深刻影响孩子的信息处理过程。

注意力是大脑处理信息的第一要素。面对必须关注的对象，收集、输入和处理信息，引导这些过程的力量就是注意力。也就是孩子认识到自己需要完成的任务，判断在完成任务的过程中需要做什么，有选择性地投入必要的刺激，坚持到最后的力量。集中力是埋头于任务的力量。如果是自己喜欢和感兴趣的事情，那就会更加主动地发挥这种力量。因此，对"没兴趣的事和必须做的事"所投入的不同精力,是判断孩子的注意力和集中力的核心标准。

•• 虽然很集中,可是注意力不足

小学一年级的孩子第一次来咨询室,这里摸摸,那里碰碰,却无法做出选择。我建议他先选个游戏开始玩,他依然问这是什么,那个又是什么。打开游戏盒子又关上,反反复复。孩子充满好奇,行动却很散漫。这时,咨询师对孩子提出建议:"今天你第一次来,我们玩这个游戏怎么样?"

这是一款叫作《高峰时间》的桌游,需要投入少许认知能力。按照卡片上画的图案摆放迷你汽车,再让汽车前后移动,使堵塞的道路畅通,把红色的汽车开出去。

因为是新游戏,起先孩子很感兴趣,不料尝试过一两次之后,一旦道路堵塞,立刻就失去兴趣,停止游戏了。随后又尝试了五种别的游戏,孩子也都没有完成。即便是自己选择的游戏,他也无法投入注意力,难以集中。下面是咨询师和孩子妈妈的对话。

咨询师:孩子的注意力好像有些不足。
妈妈:不是的,我家孩子的注意力非常好。真的,只要注意力集中起来,谁喊都听不见。

咨询师:您感觉孩子在哪些方面能展现出很好的注意力?

妈妈:看视频的时候是这样,玩他喜欢的积木游戏,或者看漫画书的时候,注意力很集中。

咨询师:面对学校的作业,孩子的表现如何呢?

妈妈:他不喜欢做作业,所以我有点担心。明明集中力那么好,为什么做作业的时候就不专心呢?

咨询师:看来做喜欢的事情,孩子的集中力很好,对于不感兴趣或不喜欢的事情,则完全无法集中注意力。所以我说孩子的注意力不太好。

妈妈:这不一样吗?有什么不同?

原以为孩子的集中力很出色,却在重要的时刻完全无法集中,面对必须做的作业磨磨蹭蹭、东张西望、很不耐烦,实际上这意味着注意力的发展出了问题。现实中有很多孩子的集中力很好,注意力却不足。如果我们无法理解孩子仅能聚焦于喜欢的事情的内在原理,那就会认为孩子的集中力很好,只要让他凭借意志去努力就够了。孩子投入自己喜欢的事情的能力误导了父母对注意力的理解。

当我在咨询室跟家长解释孩子注意力不足的时候,他们都会第一时间反驳说孩子的集中力很好。直到了解两者之间的差异，他们才会认识到孩子注意力不足的事实。如果现在你依然不了解注意力，那么请看下面的事例再做思考。

Q：有个孩子在画画的时候很投入，到了该去幼儿园的时间却不肯换衣服，还要继续画画。他的注意力好吗？

Q：孩子玩了很长时间的积木，开始玩火车游戏。妈妈说了好几次让他收好积木，再玩火车游戏。他却只集中于火车游戏，对妈妈的话置若罔闻。这个孩子的注意力好吗？

Q：有个孩子喜欢读书，每次看起书来，即使旁边有人叫他，他也听不见。多读书固然是好事，可是孩子无法独立完成作业，去辅导班也不会提前做好准备。我们会因为这个孩子专注于读书而说他注意力好吗？

Q：学校上课时间，孩子喜欢语文，所以每次语文课都很专注。他不喜欢数学，所以数学课上不能专心听讲。那么，我们能说这个孩子的注意力好吗？

上面的几个孩子都在特定方面发挥了很好的集中力，然而真正重要的注意力却远远不够。我们不能因为"很集中"而忽视了他们的问题的本质。随着年级渐渐升高，这些孩子面临的很大问题就是"注意力不足"。明明下定决心要学习，却无法集中精力，因此感到痛苦。他们也讨厌这样的自己。

孩子也会混淆注意力和集中力，严格来说，他们为之苦恼的集中力其实是注意力的问题。重要的是，几乎没有哪个孩子会因为自己对喜欢和关注的事情的集中力而苦恼。

•• 从日常生活到学习，孩子越大，注意力越重要

我们再来整理一下经常被混淆的集中力和注意力。集中力指的是不受周边环境影响，埋头于某件事的力量。注意力是指有选择性地将关注点转移到眼前需要做的事情或应该做的事情上，并且持续聚焦于这件事的能力。归根结底，"选择—转移—持续"做某件事的能力更为重要。

孩子正在聚精会神地看有趣的书，如果妈妈喊吃饭，孩子会不会立刻合上书，选择走向餐桌？孩子正在画自己喜欢的画，如果妈妈说"准备外出"，孩子会不会立刻转移注意力，回答"好！"然后做外出的准备？如果妈妈让孩子收好刚才玩的积木，再玩火车游戏，孩子能不能暂停玩火车，先整理好散落在地上的积木？孩子在自己喜欢的语文课上专心致志，能否在自己不喜欢的数学课上集中注意力，并且保持下去？这些情形能够很直观地反映出孩子的注意力达到哪种程度。

但是，如果我们认为集中力是缺点，那也不正确。集中精力去做自己喜欢的事，这是很大的优点。不过，这种集中力应该成为注意力的基石。我们需要的不是仅仅聚焦于爱好的集中力，而是集中于自己没兴趣但必须做的事情的能力。这就是说，投入"注意"并"集中"的专注力更为重要。因此，专注力[1]才是孩子成长中最重要的精神力量。

在面对自己喜欢的事情时，孩子们天生就具备精力集中的能力。随着年龄的增长，日常生活和学习当中越来越重要的不再是集中力，而是注意力。有些孩子头脑聪明，智商过人，小学低年级时没有出任何问题，然而到了小学高年级和中学以后，面对越来越难的题目，注意力不足的问题渐渐暴露出来，情况严重的孩子甚至会放弃学习。所以在孩子的成长过程中，我们要观察他们是否具有对不喜欢的事情也能投入注意并集中的能力，并且帮助孩子培养这种能力，这才是至关重要的。下面我们来慢慢观察，从日常行为到学习当中，孩子的专注力会以怎样的形式表现出来。

---

[1] 当前判断孩子注意力程度的心理测试和理论说明中主要使用"注意力"，不过"专注力"更有助于理解注意力和集中力的区别。为了帮助读者更加清晰地理解，本书在使用"注意力"的同时，也会适当采用"专注力"的说法做说明。

03

日常注意力
不仅影响学习也影响生活态度

•• 如果日常态度糟糕，那就相当于亮起"注意力警示灯"

小学二年级学生奇秀的妈妈苦恼不已。

"孩子无法专注于学习，生活态度比这还要糟糕。玩过玩具之后不整理，不好好记作业，每天都要问同学，作业总是稀里糊涂，还经常撒谎说完成了。在学校发言也是不举手就突然开口说话，因此经常被老师批评。我不知道孩子为什么这么冲动，说话、做事没有条理，而且不管怎么批评，这些毛病都改不掉。在幼儿园阶段，情况尚不算严重，以后到了高年级，到了青春期，要是还一直这样，真不知道该如何是好。听说青春期的孩子真的很难管，他现在就这样，怎么办啊？我已经开始害怕孩子的青春期了。"

前面提到的四年级的善宇，低年级阶段的表现和奇秀很相似。整体生活态度不够稳定，无法区分该做的事和需要停止的事，该专注的时候无法专注。我问奇秀妈妈："奇秀从什么时候开始这样的？"奇秀5岁的时候，妈妈不让他在墙上乱涂乱画，不要弄混了玩具，他把妈妈的话当成耳边风，我行我素，稍不满意就发脾气。到了上幼儿园的时间，妈妈让他别玩了，准备出门，他也置若罔闻。一连说了三四遍，妈妈问："我刚才说什么了？"他竟然完全想不起来。

如果孩子的问题行为已经如此严重，那就可以怀疑是不是ADHD症状了。当然，这方面不能随意做判断，还需要精确的检查和临床诊断。缺乏注意力的孩子大都性格活泼，容易对刺激做出反应。

美国精神科医生、神经心理学权威罗伯特·克洛宁格博士根据人们对外部环境刺激做出的反应，将人的气质大致分为四类。容易对陌生人、陌生事物和陌生场所感到胆怯和恐惧的属于回避危险气质；感觉新鲜好奇，本能地受到刺激的吸引，行为活跃的属于追求刺激气质；依恋父母，对于老师和朋友的反馈反应强烈，为了得到社会补偿而行动的是补偿依赖气质；即使没有持续强化也能将获得过补偿的行为坚持下去的则是持续性气质。

奇秀属于追求刺激气质。这种气质较强的人对新鲜的刺激充满好奇，优点是对任何事都愿意尝试，积极挑战，努力实践。缺点是不喜欢被规则束缚，容易对反复的事情感到厌倦，因此经常被指责为"散漫、不专心、没耐心"。对这些容易受到刺激的吸引而态度散漫，无法专注的孩子来说，也许会因为唠叨不断和批评太多而出现精神问题。

不过，也有很多孩子是因为别的精神问题而无法专注。有的是孩子没有和父母形成稳定的依恋关系，有的是父母经常吵架或患有抑郁症，这种情况下孩子容易出现焦虑和愤怒等精神问题，从而影响专注力的发展。精神问题是妨碍孩子专注力发展的重要原因。当孩子处于焦虑状态时，自然也就无法专注，还会坐立不安。

另外就是环境因素。如果存在剥夺孩子注意力的视觉和听觉刺激，比如书桌旁放着很多玩具，或者当孩子做作业时，弟弟妹妹在旁边刷视频，那么孩子就很难发挥注意力。即使是大人也不例外，换成谁都会这样。

•• 注意力不足会出现的日常问题

不论何种原因，如果孩子行为冲动，对于交代的事情无法集中，那就应该考虑可能是孩子的注意力出了问题。下面我们来看看注意力不足的孩子在日常生活中的常见行为。

1. 不会整理。

无论是玩具还是课堂用品，都很难将用过的东西整理好，再拿出接下来需要的物品。因为孩子所有的关注点都集中于当前想做的事情。

2. 听到指示后不能执行。

如果缺乏注意力，那么接受指示的能力和按照指示行动的能力自然也会降低，不仅是学习时间，休息时间和就餐时间也是这样。孩子本应听从老师的指示去行动，却做不到。

3. 突然插嘴，胡说八道。

注意力不足的孩子无法专心听对方说话，自己想说什么就说什么，和父母、同学、老师对话时经常出现这种现象，即很难认真倾听对方，从而形成有效的交流。尤其是那些处理不好同学关系的孩子，经常会有这个问题。

4. 不会安静等待。

不论是在游乐场、超市，还是等餐时间，孩子都很难做到静静地站着排队等待，总是招惹前后的同学，引发冲突，直至被老师批评。孩子在这个过程中只会感到委屈，气喘吁吁地难以平息愤怒。因此，应引导孩子学会排队等待，理解和接受这个规则，还应引导孩子学会在等待的时间里发挥自己的注意力，从而更好地度过这段时间。

5. 明目张胆地说谎。

说谎不仅仅是孩子的道德问题。注意力不足的孩子也会经常说谎。他们会为了继续做自己想做的事情而随机应变地说谎。如果你问正在打游戏的孩子有没有完成作业、有没有准备好上课用品、交代的事情有没有做完，有的孩子明明没做到却说做到了。与其说是道德问题，倒不如说是孩子因为无法调节当前的注意力而导致说谎。

6. 不遵守规则或随意更改规则。

这种情况通常是孩子一开始就没有明白准确的规则。带有散漫和冲动倾向的孩子会对需要认真倾听、阅读和理解的规则感到无聊和困难，经常朝着有利于自己的方向改变共同的规则，于是表现出社会性方面的问题。理解和适应规则也需要倾注精神上的注意力。

7. 过度沉迷于网络视频和网络游戏等数字媒体。

还有什么能像数字媒体这样时时刻刻给人带来丰富多样的刺激呢？这种刺激过于强烈，孩子陷入其中束手无策。从某种程度上看，这不是仅凭孩子个人的努力就能解决的问题。

注意力不足，不仅仅体现在日常生活和学习方面，在与父母、老师、朋友的关系中也会出现问题。无论怎样劝说、批评，孩子的行为都没有发生变化，那么我们就应该选择聪明的做法，培养孩子的注意力。即使孩子因为天生好奇心重而导致注意力降低，我们也绝不能扼杀孩子的好奇心。我们应该帮助孩子，让孩子的好奇心、激情和积极行为转化成优点，为孩子插上翅膀，帮助孩子养成良好习惯，让孩子在必要的时候集中注意力。这才是真正重要的事情。

04

学习注意力
虽然有学习意愿但难以做好

•• 学习，是不愿意还是做不到

7岁的诗宇是个可爱的小调皮。他在游乐场里蹦蹦跳跳、大声欢笑的样子让人情不自禁露出微笑。然而诗宇的妈妈却很焦虑，担忧与日俱增，因为孩子学语文和数学时做不到专心致志。好好陪着孩子，依次尝试使用口碑很好的练习册和教具，连哄带安慰地让他写字、数数，不料只有十分钟的学习却起了硝烟。孩子不耐烦地说"我不要学习""我为什么要学习"，甚至把练习册揉成一团，扔掉教具。更让人担心的是带着这样的态度成为小学生，诗宇能适应更加严格的课堂学习环境吗？

父母最喜欢什么样的孩子呢？幼儿阶段会玩爱笑的孩子无疑是父母的最爱，然而当孩子成为小学生正式开始求学的时候，父母的期待就变了。每个家长都希望孩子能够"玩的时候好好玩，学的时候好好学"。

7岁的诗宇为什么是这样的呢?孩子说讨厌学习,他是真的讨厌学习,还是不知道应该怎么学习?不仅诗宇,大部分小学生都说自己讨厌学习。然而当我们与他们深入沟通时,孩子却会说出截然不同的话来。

不是讨厌学习,而是因为学习不好感到痛苦。这种现象会随着年级升高越来越严重。孩子这样说并不是为自己辩解。

现实当中有多少矛盾是学习导致的呢?妈妈因为生气而唠叨,孩子也听得耳朵长茧子。在学校和辅导班里,孩子也因为没能完成作业受到批评和嘲笑。孩子对自己感到失望,从而产生挫败感。现在的孩子甚至会担心自己成为永远学不好的人,将来又该怎样生活。因此,我们应该做的是理解孩子为什么痛苦。

•• 注意力不足导致的学习问题

孩子想学习却学不好,痛苦不已:被反复催促,最终也没能完成;因为没有好好审题,会做的题也做错了;本来三十分钟就能完成的作业拖了两个多小时,不是因为"讨厌学习",而是因为"无法专注于学习"。这正是我们应该考虑的问题,也是父母首先要弄明白的。下面我们来看看注意力不足会导致孩子出现哪些问题。

1. 不能做好课前准备。

前一天晚上应该准备好第二天上课用的物品，无论家长怎样唠叨，注意力不足的孩子就是做不到。于是，准备学习用品的任务就不得不落到家长的头上。在学校的情况也是一样的，课间应该把前一节课的书本放进抽屉，拿出下一节课要用的书本，然而有的孩子常常要等到上课铃声响，看到同桌拿出来的书本，才急急忙忙拿出书来。

2. 很难做到立刻开始。

孩子本来应该做作业，打开书本却不能立刻开始，要么乱写乱画，要么发呆，结果什么也没做就过去了四十分钟。哪怕作业不是很难，十到二十分钟足以完成的作业量，以孩子的水平足以完成，结果也是这样。

3. 无法专注于课堂内容。

如果是课程内容太难，就需要孩子另外打好基础；如果不属于这种情况，孩子的能力完全跟得上课程却无法专注，那就应该教会孩子专注的方法，引导孩子按照方法亲身实践。此时最重要的是做提高注意力的准备工作，比如将孩子的座位换到前面，或者根据课堂内容事先准备些问题，营造良好的学习环境。

4. 明明就在眼前却看错。

这种现象很普遍，属于缺乏专注于视觉信息的能力，也就是缺乏视觉注意力，比如认错字或看错数学符号，将"选出不恰当的一项"看成"选出恰当的一项"，明明是要求找出"错误的选项"，却写下了第一眼看到的正确选项。

5. 耳朵听见了也无法理解。

听觉注意力不足的情况很常见，表现为孩子无法认真听老师讲课，并且正确地理解，比如有时是因为走神而错过了老师的要求，有时是没有听清老师的解释。尤其是听力考试，孩子会遇到更大的困难。智力测试中，如果要求直接读出数字或反着读出数字，很多孩子会追问"直接跟着读吗""反过来读吗"。

6. 不会计划和分配时间。

既要做数学作业，还要写读书笔记等，孩子应该预测各个科目的学习量和所需时间，从而制定时间计划。如果孩子的注意力不足，那么这些就成了父母的任务。如果不喜欢做作业，孩子就会一直拖延，说等会儿再做，最终没能完成。

7. 年级越高成绩越差。

如果孩子已经逐步出现上面所说的现象，那么随着年级的升高，成绩会下降。课程难度会越来越高，作业量也会随之增加。尽管在学习中发挥专注力并不是想象的那么容易，可不管怎么说，哪怕对学习不感兴趣，也应该专心学习，并将专注力保持下去。也许面对喜欢的科目会很容易做到，遗憾的是，孩子并不会喜欢所有的科目。因此，检查孩子在学习方面的专注力发展水平是否符合年龄要求就显得尤为重要。专注力好的孩子会随着年级的升高而发挥出优势。

现在，我们应该可以理解，成为孩子学习能力基础的最重要的精神能力就是专注力。我们绝对不能因为孩子无法专注于学习，而误会和责怪他没有学习意志。专注力不是意志的问题。我们应该先来反思，有没有帮助孩子培养出即使不感兴趣也能投入的能力。

•• 系好保持学习专注力的"安全带"了吗

我们不妨站在孩子的立场上想一想。四年级的秀贤正在解答数学难题。他眉头紧皱，摸着下巴，身体后仰，用力靠着椅背，坐得歪歪扭扭，还用铅笔敲打着笔记本。他也不是完全没有做题，写写画画，每隔两三分钟就会深深地叹口气，还会发发牢骚。身体勉强坐在书桌前，书本也翻开了，因为注意力不足，他无法做到专心致志，一切只是徒增压力而已。这时候我们应该怎样帮助孩子呢？

我反复说过，请勿用"不努力学习"的视角去看秀贤。尽管他在用全身表达不想写作业的心情，却也在表达因为不会写作业而气愤难过的心情。这一点，我们应该理解。要想了解秀贤痛苦的原因，我们可以让他暂停作业，试着跟他对话。

咨询师：遇到不会做的题目，你会有什么想法？

秀贤：啊，就是烦，不想做。

咨询师：你看起来很辛苦，题目很难吗？

秀贤：当然难了，这个不做不行吗？

咨询师：因为题目难而不想做吗？如果是会做的题，你就会把它做完是吗？

秀贤：如果会做，当然想快点做完，可是太难了。

咨询师：如果是你会做的题目，你是能专心去做的。

秀贤：当然，马上就做。

秀贤说他之所以这样是因为数学题太难了，这时应该把作业难度调整到适合孩子的水平。不过很多时候，即使给出更简单的题目，孩子的态度也不会发生大的变化。仅仅是共情孩子的痛苦，给予安慰，或者严厉批评，要求不许这样或那样，孩子的专注力也不会得到改善。

要想提高孩子的学习专注力，需要适合孩子水平的作业和不易分散注意力的环境，还要通过适度的练习来提高专注力，然后再让孩子开始学习。

有的孩子在小学低年级阶段还能保持成绩优秀,到了高年级就渐渐感到吃力,进入中学后,成绩开始急剧下降。这种情况大多是因为专注力不够。有的孩子很聪明,理解能力也很强,轻而易举就能获得优异的成绩,可面对大量需要专注才能完成的作业,他就会不知所措,甚至失去自信。

那么,那些在学习方面有很强专注力的孩子是什么样的呢?我们来看看四年级的贤洙吧。贤洙在解答数学难题,一边盯着题目,一边在练习纸上努力解答。好像是解答不顺利,他叹了口气,用橡皮擦掉了刚刚写下的内容。孩子涨红了脸。我让他停下来,对他提了几个问题。

咨询师:题目好像不太容易解答,你还好吗?

贤洙:我还好。

咨询师:这个时候你在想什么?

贤洙:就想着怎样才能做出来,除此之外没有别的想法。一定要做完才行。

咨询师:难不难?

贤洙:难是难,但也要做完。

咨询师:如果还是做不出来呢?

贤洙:那就下次再做,或者去问问别人。

即使遇到困难，仍然专注地去做，这样的场景真的太美好了。我们要帮助自己的孩子，让他们也能这样成长。

05
是什么妨碍了孩子的注意力

•• 注意力不足的原因

陪孩子来咨询的父母表露出对孩子的各种担心。

妈妈 A：我的孩子像个永动机，从婴儿时就一刻也闲不下来。

妈妈 B：我的孩子报考英才教育学院，需要准备的东西很多，时间不够，连睡觉都觉得可惜。可是孩子一点也不专心，真让人担忧。

妈妈 C：太难了，孩子为什么这么容易不耐烦啊，动不动就发火闹脾气，做什么都不专心。

通过三位妈妈的倾诉，我们可以发现哪些共同点和不同点？最明显的共同点是三个孩子都很散漫，不够专注。明显的不同在于，妈妈 A 提到了孩子的气质特征，妈妈 B 提到了当前提供给孩子的养育环境，而妈妈 C 谈论的则是孩子不稳定的情绪。

正如前面说过的那样，大致来说，妨碍孩子注意力的主要原因是气质特征、养育环境和情绪问题，三者之间的恶性循环会加重和放大注意力问题。我们不妨更仔细地观察引起孩子注意力不足的三个问题，了解对不同的孩子来说哪种要素会成为更重要的原因。

•• 当气质特征导致注意力降低的时候

我们先来了解气质方面的原因。冬焕刚读一年级，下面是冬焕妈妈的担忧。

"一刻也坐不住，坐在椅子上对他来说太痛苦了。"

"在饭店里也会到处乱跑，还会掀开所有的盖子。"

"幼儿园郊游的时候，他一个人到处乱跑，所有老师都去找他。"

"玩滑梯也好，不管在什么地方，他总是跑上跑下，经常受伤。"

所谓气质，就是孩子对刺激做出反应的天然特性。前面我们说过，追求刺激的孩子拥有强烈的好奇心，很活跃，很积极，动作夸张，所以经常被评价为吵闹、注意力散漫、无法专注。重要的是，孩子的气质本身并不是问题。

如果追求刺激的倾向很弱，那孩子会有怎样的表现呢？也许会固守熟悉的僵化方式，不懂变通。追求刺激的倾向强，也就意味着热情地探索新鲜和陌生的事物，即使遭受失败和挫折也不屈服，还会重新寻找倾注激情的对象，具有很高的韧性。只是有必要逐步培养专注的能力，即使对其他事情感兴趣，也要平静下来，先专心致志地做好眼前要做的事。

对于孩子的这些负面行为，有时无论怎样批评、怎样教导都改不掉，反而越来越严重。很多父母会担心孩子是不是有ADHD。

根据美国儿童精神科学会的统计，学龄儿童患有ADHD的患病率平均为3%—8%。男孩比女孩的发病率高出3倍左右。首尔市和首尔大学进行的流行病调查显示，ADHD的患病率为6%—8%，在儿童精神疾病当中排名最高。如果你认为孩子的注意力问题比同龄人更严重，那么最好尽快去专业机构，通过精密的检查加以确认，因为根据检查结果被诊断为ADHD的情况并不少见。希望父母放下罪责感，毕竟导致这个结果的往往并不是养育方式，而是遗传基因的不平衡或脑神经学的问题。

从以往的研究来看，ADHD孩子的大脑结构和功能与普通孩子有所差异。脑成像显示，他们负责管理专注力、调节行动、抑制不必要行为的额叶功能要比普通孩子弱，活性也相对较差。同时，抑制身体活动和肌肉活动的基底核的尺寸也较小，大脑皮质较薄，发展滞后。此外，多巴胺和去甲肾上腺素这些在神经细胞间传递信息的神经递质，在大脑额叶和其他部位的激活也存在问题。

神经系统问题也会让孩子的注意力明显不足，导致制定计划并执行的能力、灵活调整的能力、综合和评估的能力不足。如果因为注意力问题而被诊断为ADHD，那就需要在儿童精神科专业治疗的基础上减少孩子的冲动和过分行为。为了提高孩子的自我调节能力，除了进行注意力训练之外，还要进行认知行为治疗、学习治疗、社会性治疗等成长中需要的多种治疗。如果不能了解孩子遇到困难的原因，只是因为孩子做不到专注就加以训斥或责怪，那么孩子就会因为心理创伤而出现次生性行为问题。这点也希望父母能够了解。

•• 注意力因养育环境的不同而不同

我们再来观察深刻影响孩子注意力的养育环境。下面是小学四年级学生多荣的故事。

一大早，多荣就因为上学准备不够快而被妈妈责骂，心情很不好。在学校，同桌又把牛奶撒到了他的身上，多荣大发雷霆。从那之后，同桌不再和多荣说话，只和别的同学说话。去辅导班的路上，多荣在妈妈的车里做辅导班的英语作业，被妈妈发现后又挨了批评。于是，他察言观色，偷偷地做，稀里糊涂写完了答案。当天的英语课格外无聊，幸好老师没让多荣发言，他一直低着头假装看书。

对多荣来说，这样的事情每天都在重复。这样下去，孩子的注意力不可能得到提升。通过多荣的故事，我们来看看妨碍孩子注意力的养育环境。

第一，妨碍孩子自律性和能动性的环境对注意力会产生负面影响。越到高年级就越需要自发主动的专注力。无论在日常生活中，还是在学习中，都需要针对任务做计划，并且按照计划专心完成的能力。多荣的一天全都由妈妈操控，他处于被强迫的状态。孩子的注意力怎么可能得到提升呢？

约翰·泰勒·加托在美国纽约的公立学校任教三十年，曾经三次荣获年度教师奖。他在著作《使我们蠢如一人》中对美国孩子一周的时间表进行了分析，包括在校时间、上学放学路上的时间、写作业时间，以及音乐、运动等放学后的活动时间，吃饭时间和看电视、打游戏的时间。完全去除这些事情，孩子在醒着的时间里能够自由探索、想象和沉思的时间，每周只有九小时。

直到现在，我们的孩子面临的问题依旧如此，而且父母也把这些视为理所当然。这意味着孩子主动提升注意力的练习时间远远不够。

第二，缺乏教育指导的养育环境也不利于注意力的发展。教育指导就是告诉孩子应该调节什么，调节到什么程度。比如在吃饭、洗漱、玩耍和学习时，孩子应该做出怎样的行动，做到什么程度，为孩子提供标准。

要想有效发挥注意力，适当的调节必不可少。如果不知道调节什么，以及应该怎样调节，那该怎么办呢？某种情况下哪些举动是可以的，允许达到什么程度？如果不知道标准，孩子就无法做出恰当的行为。因此父母要告知孩子标准，让孩子了解得更准确。

亲子之间、朋友之间、师生之间，都存在着需要遵守的行为规范和秩序。孩子不会天生就知道这些，也不会通过年龄的增长自动获得，而是要从婴幼儿时期开始，通过和父母的交流对话，通过和朋友之间的游戏互动，通过听老师讲课，逐步地学习和熟悉。

注意力也是这样。孩子都有潜在的专注能力，但不会自然而然地发展起来。无论是在家还是在学校，我们都要教育孩子，让他们练习和体会专注的方法。对注意力不足的孩子，应该营造什么样的环境，我们将在第三章详细介绍。

•• 不稳定情绪降低注意力

最后让我们来看看影响孩子注意力的情绪因素。这是小学三年级学生志浩的故事。最近他做什么都无法专心，动不动就哭泣。

咨询师：志浩，最近在担心的事情是什么呀？

志浩：学习。

咨询师：学习？你能说得详细点儿吗？

志浩：上次单元测验考得很不好，挨了妈妈责骂。

咨询师：那你肯定很难过吧？

志浩：弟弟很棒，而我不行……妈妈对我大发雷霆……

咨询师：你很羡慕弟弟，只有你挨了妈妈责骂，所以很难过。

志浩：是的，我脑子很笨。

在孩子的各项发育中，情绪健康的重要性怎样强调都不过分。注意力也不例外。当焦虑或抑郁的孩子来到咨询室时，很多时候除了情绪问题，还会伴有注意力问题。情绪不稳定的孩子很难专注于某件事，容易不耐烦，产生挫败感，感到有气无力，从而失去斗志。孩子也不能根据情况灵活地调整自己的情绪，战战兢兢地担心会发生什么事，或者失去什么，紧张不已。

相比于认知活动，人类的大脑倾向于优先处理不安、恐惧、愤怒、抑郁等负面情绪。这是我们的生存本能。当孩子因为负面情绪而感到不愉快的时候，大脑无法将资源用于记忆或专注力等认知过程。我们来看看，当孩子深陷负面情绪的时候，他的大脑里会发生什么，专注力又是如何被阻断的。

假设上课时间，老师让孩子到黑板上解答问题。

"啊，怎么办呢？我不会啊！上节课就没答出来，傻傻地站着，今天再答不出来……啊，肯定会挨批评，好可怕，太丢人了。"

此时，孩子的情绪状态表现为：

→不安。

→处理情绪的杏仁核进入生存模式。

→向负责情绪表达、身体反应、行为调节的中枢下丘脑和神经通路，以及具有调节意识功能的脑干发送危险警报。

→分泌压力激素。

→心跳和脉搏加快，脸红出汗，身体僵硬。

→情绪调节失败，爆发负面情绪和愤怒。

→杏仁核过度活跃，导致通往额叶的通道变窄受阻。

→大脑更关注情绪相关的刺激,过滤掉其他信息,导致外部信息被阻断。

→解决问题失败。

不喜欢的作业带来的学习负担和压力,做不好时的挫败感和无力感,对失败的恐惧,孩子在日常生活和学习过程中无数次遇到的负面情绪,肯定会分散他的注意力。所以要想提高孩子的注意力,首先要仔细观察他们的心理状态。否则,一切都是空中楼阁。

除此之外,还有其他因素也会导致孩子注意力下降。

· 智力障碍。
· 神经系统问题。
· 视觉或听觉等感官问题、甲状腺疾病、激素问题、脑部病变或癫痫等神经系统疾病。

我还要再强调的是,注意力会影响到人类所有认知活动。如果感觉孩子的注意力存在严重问题,千万不要拖延,一定要通过专业的诊断和评估找出准确的原因和合适的方法,为孩子提供相应的帮助。

第二章

父母必须了解的五种注意力

01
构成注意力的三要素

•• 注意力的三大核心要素

正如血液在人体的各个部位流淌，为维持生命发挥多种功能，注意力也在心灵和精神的各个地方，为日常生活和学习任务担负着多种多样的功能。我们要观察注意力如何介入我们的认知过程，又产生了怎样的影响。这点非常重要。只有这样，当孩子出现注意力不足的征兆时，我们才能及时捕捉到，并且运用恰当的方法帮助孩子。

研究注意力的心理学家强调了构成注意力的三个核心要素：注意选择、注意状态、注意调节。只有三种要素实现顺利合作，孩子的注意力才能得到充分发挥。

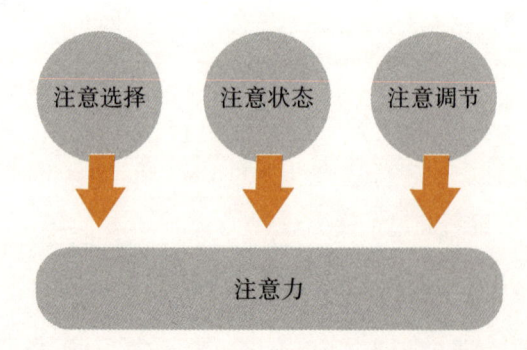

```
   注意选择      注意状态      注意调节
      ↓            ↓            ↓
            ┌──────────────┐
            │    注意力     │
            └──────────────┘
```

可以选择注意对象吗

"注意选择"指的是对需要注意的事物给予适当关注的能力。要想发挥注意力,需要很多视觉、听觉的刺激,还需要选择自己需要的信息,摒弃非必要信息的能力。我们来认真观察玩桌游的小学三年级学生振豪的反应,思考注意选择的意义。

咨询师:这回轮到振豪了。

振豪:啊,是的,嗯……啊,可是好吵呀。

咨询师:嗯?吵?什么吵?老师没听见啊。你是说窗外小孩的说话声吗?

振豪:是的,好吵……那孩子总是发脾气,我不想听。我走到哪儿了?

咨询师:啊,振豪忘了自己走到哪步了。

振豪:啊!有个叔叔在说话……停车场里出什么事了?他们这么吵。

短短五分钟的下棋时间,振豪总是对外面的声音异常敏感。路上的汽车声、洗手间开门的声音、等候室里的说话声,每种声音都让他满腹牢骚。也许有人会认为他是个听觉敏感的孩子，所以才会这样。但问题在于振豪总是因外界传来的刺激分散注意力，影响了对话和游戏的节奏。他会忘记自己的步骤，忘记游戏进展到哪一步，不停地反问。这意味着孩子总是受到外界刺激的干扰，无法专注于应该专注的对象。

为了更细致地评价振豪的注意力，我们对他进行了注意力检测。果然，振豪在注意选择方面存在困难，他难以有效地区分并选择自己真正需要的刺激。如果在选择注意对象时出现问题，孩子就会淹没于周围大量的视觉和听觉信息。当真正需要专注的时候，比如与父母或老师说话时、和朋友做游戏时、学习时，他就无法投入真正需要的注意力。

•• 注意力投入状态可以保持下去吗

"注意状态"指的是专注状态可以维持的时间长度，是选择好注意对象后，需要投入其中的状态，并且会随着对象和情况的不同而发生变化。有的人会很强烈地投入状态，但注意力却很快就会涣散，投入状态也随之消失。从开始、持续到结束这个过程中，专注的强度发生了多种变化。

我们来看刚刚开始上课的小学三年级教室。上课铃响了，老师站在讲台前，对孩子们说道："这里有两张照片，看到了吧？请大家认真看两张照片有没有不同的地方。如果有，是哪里，有什么不同？"

孩子们停下身体动作和闲谈，抬头注视着照片。他们在静止状态下瞪大眼睛，观察两张照片。有的孩子端端正正地抬着头，有的孩子稍微歪着脑袋，还有的孩子微微张着嘴巴。

过了一会儿，一个孩子动了起来。他先是环顾四周，然后看看同桌，戳一戳，对同桌说："喂，你的橡皮擦是从哪儿买的？"

同桌没有说话，他又转身去看后面同学的书桌，周围的同学察觉到了他的动静，一个个好奇地看向他。老师发现了这名东张西望的同学，问道："珠元，这两张照片有什么不同？你发现了吗？""还……还没有。"

一开始，同学们全都专心致志地观察两张照片，努力解决老师提出的问题。很多同学保持着持续专注的状态，而有的同学的专注强度却发生了变化。这就是注意状态在变化。正如最终没能找出两张照片差异的珠元，注意状态的变化也会导致作业完成程度有所不同。

我们再来看个例子。数学课上，老师让大家做口算。要想得到准确答案，他们需要在脑海里浮现出各个计算步骤。如果有必要，还要使用乘法口诀。对于计算过程中得到的数值，一定要牢牢记在脑子里。因此，进行口算时必须保持高强度的专注状态。如果不能保持注意状态，原本应该记住的信息就会从脑子里逃跑,导致口算结果出错。

•• 自己可以调节注意力吗

再来说说"注意调节",也就是在多大程度上根据自己的需要来调节"注意选择"和"注意状态"。我们看一看下面这些情况。

· 玩藏猫猫游戏时,利用手势和声音让孩子的注意力集中在大人身上。

· 孩子会认识到要认真听对方说话,才能准确理解。

· 只要等待就能得到更多奖励,所以孩子闭着眼睛不看。

· 为了理解书里的内容,孩子捂住耳朵,一边慢慢思考,一边阅读。

是的,调节注意力是指对变化的情况和自己的要求做出反应,对自己的注意力做出控制和调节。根据某些情况或要求排除各种妨碍性刺激,选择需要注意的对象,学会自我调节,使自己高强度地投入,这是注意力的核心要素之一。

像上面的第一种情况,幼儿阶段的孩子还不能自己调节注意力的时候,需要借助外部(如父母)的帮助进行调节。

在孩子逐渐长大的过程中，注意力的认知能力得到发展，专注的动机增强，同时学会各种控制技术，因而孩子逐渐具备了调节注意力的能力。

根据我们之前的观察结果，"注意选择"是我们不受非必要刺激的妨碍，"注意状态"是我们对注意对象持续专注，"注意调节"是我们根据情况和要求适度投入。只有根据需要灵活运用这三种核心要素，孩子才能充分发挥注意力。任意一种出了差错，孩子的注意力都会出问题。

我们以这三种要素为基础，对日常生活和学习所需的注意力的功能进行分类，那么父母必须了解的注意力可以分为五种：焦点注意力、选择注意力、转换注意力、持续注意力、分割注意力。

现在，我们就来具体分析这五种注意力。

02
焦点注意力
有的孩子总是错过最重要的事情

•• 什么是焦点注意力

小学二年级学生友俊的妈妈来到咨询室,抱怨友俊的注意力不好。

"字明明认识,读的时候却总是漏掉,或者随便乱读。"

"不认真审题。"

"做事情总是没头没尾。"

友俊的行为总是给人一种马虎的感觉,不仅是学习,日常生活中也是如此。

"'吃饭了,把衣服挂到衣架上',我这样说,他像没听见似的。"

"明明答应了,过后却不承认。"

"东西就在眼前放着,却要找很长时间。"

"让他把同类物品收起来,他简单收几下就说收好了。"

"做什么事都不会痛痛快快地快点儿做完。"

友俊做任何事情都不利索，稀里糊涂。妈妈以为友俊还小，决定慢慢等待。等到上了小学，他还是经常忘东西，频繁犯错。想到课程越来越难，学习量越来越大，妈妈的心情不再轻松。为什么会这样呢？

友俊最突出的问题是缺乏焦点注意力。不仅友俊，所有没有受过焦点注意力训练的幼儿和小学生都很容易出现这种现象。

所谓焦点注意力，指的是日常生活和学习过程中遇到需要注意的刺激或信息时，立刻聚焦于需要注意的对象并集中注意力的能力。

打个简单的比方，话剧舞台上的聚光灯帮助观众聚焦于演员的细腻表演，也就是帮助观众发挥焦点注意力的手段。孩子的现实生活舞台并不是话剧舞台，很遗憾，没有聚光灯。所以在日常生活和学习中，只能自己选择需要注意的对象，把焦点投射于注意对象。

正在玩耍的时候听见妈妈的呼唤，孩子会立刻转头看向妈妈，听妈妈说话；跟朋友说说笑笑的时候，听到上课铃声，立刻专心听老师讲课；认真阅读题目，从隐藏的图画中准确找到需要的图案。这些都需要发挥焦点注意力才能做到。

•• 为什么焦点注意力很重要

老师用教鞭指着黑板说"看这里"的时候,孩子应该迅速追随教鞭,看向黑板。这件事看似简单,然而对注意力不足的孩子来说却绝非易事。这需要专注于听觉刺激,也就是听见老师说话,立刻把焦点转移到视觉刺激——教鞭。只有这样孩子才能在学习黑板上的内容时发挥出焦点注意力。

缺乏焦点注意力的孩子就听不到老师的话,也注意不到老师的身体动作,要么发呆,要么埋头做自己的事。孩子不能注意到写在黑板上的学习内容,之后自然想不起上课时学了什么。

需要焦点注意力的时候太多太多了。比如在很多物品中间找出某一件的时候,在路上寻找招牌的时候,观察图形或图案等视觉材料了解其特征的时候,听完说明后回答问题的时候,阅读长篇文章后解答问题的时候……生活中的每个瞬间几乎都要用到焦点注意力。如果缺乏焦点注意力,也就无法对别人向自己提出的要求做出反应,听从指示的速度会变得缓慢,犯错误的概率自然也就更高了。

我们再来看看友俊在日常生活和学习中的行为。友俊无法专注于各种情况需要的特定刺激和信息,做不到准确地看和听。简单来说,就是心不在焉。妈妈总是批评他:"说话的时候你为什么不好好听？""你为什么做事总是心不在焉？""清清楚楚地说！""你怎么总是犯错？"

尤其是学习的时候，友俊的问题就更加严重。每当他做作业，中间却总是溜走，迟迟没有进展，很难按时完成作业。后来妈妈干脆坐在旁边监督。因为有妈妈在旁边催促，总算把作业完成了。这是令人懊恼的现实。

现在，我们站在友俊的角度想一想。友俊也不是不想完成作业，他也想快点完成作业，然后轻松地看电视、玩积木。遗憾的是，每次坐到书桌前他就发呆，总是想起别的事情。因为焦点注意力不足，友俊自己也毫无办法。他也不是故意偷懒。缺乏焦点注意力的孩子无法有效地利用时间。他们分不清楚什么该做，什么不该做，所以不论做什么都很难按计划完成。

•• 培养焦点注意力需要做什么准备

要想让孩子发挥焦点注意力，需要做什么准备呢？

通过有助于培养焦点注意力的"找不同""寻找隐藏图案"游戏，我们来做具体的考察。

第一，针对需要注意的对象，让孩子做好准备。

"寻找隐藏图案"或"找不同"属于视觉刺激，要先对视觉刺激的特性有准确的了解。比如"我要找的图案是什么？什么形状、什么颜色、多大？"不是橘黄，而是红色；边缘有点儿圆的长方形；有五个点……通过这样的方式，让孩子对容易混淆的要素有明确的了解。只有这样才能准确找出隐藏起来的图案。听觉刺激也是这样。要先清楚地分辨出听觉刺激的特性，比如是什么声音、谁的声音、多大的声音等。

对焦点注意力较弱的孩子来说，这个准备过程尤其重要。要想专注于某个对象，首先要知道目标的特点是什么，了解这个之后进入准备状态，如此才能准确地聚焦于需要注意的对象。

第二，排除妨碍注意对象的东西。仅凭做准备仍然不够，还要帮助孩子不被外界妨碍物分散注意力。

几年前，日本北海道大学的河源纯一郎教授做过一项实验，检测智能手机对注意力产生的影响。这项实验测的是使用智能手机的参与者从电脑屏幕上的多个图形中找出T字形图案的时间。38名实验参与者分成两组，A组将自己的智能手机放在电脑屏幕旁，B组则放置了和智能手机大小相同的记事本。A组找到T字形图案的平均时间为3.66秒。放置记事本代替智能手机的B组平均用时3.05秒。旁边放置智能手机的参与者花费的时间要比放置记事本的多出大约20%。这说明习惯性地长时间暴露在强烈刺激（如智能手机）下，即使放在旁边也会受到巨大的影响，可见这种刺激的威力之大。这也再次提醒我们，要想让孩子发挥焦点注意力，最重要的是为孩子营造环境，不让他们暴露在妨碍性刺激之中。

第三，培养保持注意力的能力。

8岁的河英讨厌拼图。很奇怪，河英从很小的时候就这样，觉得拼图没意思，太难，不想玩。妈妈听说拼图游戏有助于孩子的大脑开发和专注力提升，就想帮助河英喜欢上拼图。那么怎样帮助河英，才能让她保持对拼图的专注呢？

妈妈准备了河英喜欢的《冰雪奇缘》里的艾莎拼图。8岁的孩子完全可以轻松完成50片左右的拼图，然而对讨厌拼图的河英来说有些困难，于是妈妈为她准备了36片的拼图。拼图盒上的艾莎图案成功地吸引了河英。

"我们把艾莎的脸拼出来怎么样？艾莎的眼睛在哪里？嘴巴呢？我们把漂亮的头发拼图收集起来吧？"妈妈为了让河英更感兴趣而假装寻找拼图。河英也觉得很有趣，开始寻找艾莎的脸部拼图。很快就拼好了眼睛和嘴巴，河英露出了灿烂的笑容。

寻找其他拼图完成脸部图案的时候，河英的眼神显得有些散乱，开始四处张望。为了让孩子保持专注，妈妈说道："啊，这个好像是额头的拼图，头发的这块也找到了。"听妈妈这么说，河英迅速从妈妈手里夺过拼图。孩子拼完了艾莎的脸，大声说道："我把脸都拼出来了！"

　　拼完艾莎的脸，河英的心情似乎很好，继续保持专注状态，拼起了剩余的部分。后来又有两三次找不到合适的拼图，河英的注意力开始分散。每当这时，妈妈都悄悄地把孩子要找的拼图挪到近处，帮助她保持专注，直至完成。

　　在培养焦点注意力的过程中，重要的是聚焦于需要注意的对象，并保持这种状态。像河英这种情况，我们需要有意地帮助她不分散注意力，专注于拼图。小孩子还没有足够的能力保持专注，这时就需要大人的帮助。像这样专注完成某件事，从而获得成就感的训练和体验累积多了，孩子保持注意力的能力也会逐渐培养起来。

03

选择注意力
专注于非必要之事的孩子

•• 什么是选择注意力

每到学习时间，五年级的俊宇总是无法集中注意力，动不动就发脾气。下面是他和妈妈的对话。

俊宇："我是无缘无故发脾气吗？不是的！说实话，都是因为妈妈。我写作业的时候，妈妈总是在打电话，我在房间里都听得见！妈妈一打电话，我就会受影响。你知道影响有多大吗？读过的东西得再读一遍，甚至要从头开始重新做，总是这样！"

妈妈："哎哟，气死我了，这怎么能怪我呢？妈妈在你旁边打电话了吗？你在自己的房间里学习，妈妈在客厅里。难道你学习的时候，妈妈和家人都不能说话，只能一动不动吗？如果你专心学习怎么会受到影响，还不是因为你不够专心！"

俊宇并不是因为讨厌做作业而找借口。他说自己很痛苦，家人在客厅里说话的声音很容易影响到他。其实妨碍俊宇的并不只是妈妈打电话的声音。

"本来打算写完作业再看漫画书,可是漫画书就放在旁边,我总忍不住去看。"

"哪怕是在进行重要的对话,只要听到电视的声音,我就会混淆。"

"如果有人进进出出,我的学习节奏就会被打断。"

"计算的时候,如果旁边有人聊天,我就容易出错。"

"学习的时候总想吃东西,还会想起和朋友吵架的事,还想着明天要和朋友们玩儿。"

俊宇的问题不仅出现在写作业时,日常生活中也是经常发生。他遇到这些困难的原因是什么呢?最明显的原因就是选择注意力的不足。选择注意力指的是为了专注于需要注意的对象而抑制和摒弃妨碍性刺激的能力。

我们的大脑无法同时接收太多刺激和信息。脑容量有限,能够利用的认知资源也有限,因此我们应该最大限度地有效使用解决问题必需的资源。选择注意对象必不可少。

孩子应该选择在特定情况下优先接收哪些刺激和信息,还要在处理过程中无视、抑制、摒弃妨碍性刺激和信息。如果缺乏选择注意力,就会被不必要的事物分散注意力,导致自己应该进行的学习或日常活动拖延,甚至无法完成。

俊宇明明有事要马上做，却还是因为其他刺激而分散注意力。不仅学习，日常生活中的所有活动都因此面临很多困难。与朋友相处时也需要选择和专注，比如下棋的时候总是对旁边的朋友提建议，结果忘记了自己的步骤；跟朋友聊天的时候，突然想起家里的游戏机，没头没脑地说了出来，导致对话跑题。同学们分组讨论的时候，有的孩子因为外面传来声音而无法专注于讨论，然后不停地问："为什么？刚才你说什么？"俊宇应该根据自己的情况和需要选择注意对象，摒弃不必要的刺激。

●● 选择注意力为什么重要

选择注意力是与生俱来的能力，即使新生儿也会在某种程度上表现出来。美国发展心理学家罗伯特·范兹明确指出，新生儿注视曲线图案的时间要比注视直线图案的时间更长，也就是对特定对象更为关注。由此可以看出，新生儿也具有选择注意力，他们放弃直线选择曲线，放弃简单图形，选择复杂图形，尤其喜欢注视人脸。

但是当实验人员将这两种类型的图案分别放入相同尺寸的长方形（背景）中时，新生儿却对任何图案都没有表现出特别的喜好。加入背景要素之后，原本对刺激的偏好消失了，简单说就是原来喜欢的东西不再喜欢了。原来注意的对象条件发生了变化，便不再关注，归根结底也是对关注对象的选择。

这项研究表明，人们从很小就具有选择注意力，也会根据各自的条件和状况改变自己的喜好。随着年龄增长，这种与生俱来的选择注意力会过滤掉与己无关的信息和刺激，不过这也不是自然而然形成的。在不同的成长阶段，应该根据更加多样的环境和要求不断发展对选择注意力的调节能力。

相比直线图案，更偏好曲线图案　　直线图案和曲线图案，都不偏好

在咨询室里，为了观察孩子在视觉刺激方面如何处理妨碍性刺激的干涉，有时会使用斯特鲁普测试。这项测试是用不同颜色的笔写下各种表示颜色的词语，要求被测试者只说出词语的颜色，而无关含义。比如被测试者看到用红笔写下的词语"绿色"，不要说"绿色"，而是要说出词语的颜色"红色"。

乍看起来似乎很容易，真正做起来却很难。认识文字也理解含义的人，会脱口说出词语本身而不是颜色，即使下决心要说颜色的时候也会犹豫，然后下意识地说出了词语。孩子更是如此。无法抑制妨碍性刺激，习惯性地做出反应，这就叫作"斯特鲁普效应"。

斯特鲁普效应会随着孩子年龄的增长而减弱，直至成年。这说明抑制刺激的能力渐渐提高了。尤其从 8 岁到 11 岁，提高幅度更是大于其他阶段。为了更好地发展从小就潜藏于孩子体内的选择注意力，尤其是学龄期，需要更细心地观察孩子的注意力是否得到培养，是否遇到了绊脚石。这点千万不能忽视。

需要注意的是，斯特鲁普效应在成年之后会重新增强。因此在检测老年人认知能力的时候也经常使用斯特鲁普测试。

•• 孩子的欲望和心愿影响选择注意力

关于选择注意力，还有一项令人印象深刻的实验，就是美国心理学家克里斯托弗·查布里斯和丹尼尔·西蒙斯进行的"看不见的大猩猩实验"。先让被测试者观看 75 秒篮球视频。视频中有身穿白色 T 恤的三个人和身穿黑色 T 恤的三个人，总共六个人站成一圈，相互传球。被测试者只要数出白色 T 恤组传球的次数就可以了。

被测试者开始认真观看视频，数传球的次数。视频结束之后，实验人员对被测试者提出了这样的问题："在比赛中，除了选手之外，还看到其他人了吗？"对于这个问题，他们是怎样回答的呢？半数被测试者说什么也没有看到，另一半被测试者回答说："大猩猩。"这是怎么回事呢？

视频中的六个人互相传球的时间大约有9秒，同时有一个穿着黑色大猩猩服装的人走出来，看着正前方拍打胸口，然后离场。奇怪的是一半的人只顾着数传球次数，完全看不到"黑色大猩猩"这种视觉刺激出现在眼前。这就是选择注意力的有趣效果。当专注于某件事的时候，其他刺激就会受到抑制。

心理学家称之为"非注意盲视"，意思是眼睛虽然朝向特定位置，注意力却在其他地方，因而未能察觉到视线所及之处的对象。

我们来看三年级孩子的事例。我在咨询室里为一个三年级的孩子播放"看不见的大猩猩"视频，让他数传球的次数。"有没有看见别的什么？"孩子回答说看到了大猩猩，然后又补充说："虽然看到了，可是我不记得大猩猩做了什么动作。"

我再次播放那段视频，让他继续观察大猩猩的举动。孩子的反应很有意思。我预测这次他会仔细看大猩猩，然而我猜错了。孩子说他压根就没看到大猩猩。怎么会发生这种事呢？我询问原因，孩子回答说刚才数错了传球次数，这次重新数,所以没看到大猩猩。

通过孩子第二次的反应,我们理解了选择注意力的重要含义,那就是要观察孩子真正想要的是什么。这个孩子很想得到他人的认可。当他数错传球次数的时候心里非常难过,情绪也变得不稳定。比起观察大猩猩的举动,数清传球次数对他更重要。孩子或许会纠结:我要按照老师的要求去做吗?还是重拾自尊心?孩子似乎选择了自尊心。

是的,最终选择需要注意的对象时,自己的欲望或心愿会深深介入,再据此区分重要和不重要,并对价值做出评判。孩子的情况也是这样。根据孩子给出的价值分数,选择的对象和抑制的对象就会不同,选择注意力的强度也会不同。

•• 培养选择注意力需要做什么准备

前面我们强调过,要想培养焦点注意力,最重要的是调整孩子的环境,不让孩子暴露在可能分散注意力的妨碍性刺激之中。然而在孩子的成长过程中,很难单独打造完美的环境以保证他免受不必要刺激的影响。即使出现了妨碍物,孩子也应该抑制其刺激,有选择性地专注于自己的任务。因此,我们需要充分练习,使孩子在受到少许妨碍性刺激的情况下,也能正常发挥选择注意力。下面我们就来了解培养孩子的选择注意力需要做哪些准备工作。

首先，帮助孩子确定事情的先后顺序。

孩子要学会判断想做的事和重要的事先做哪一样。只有这样才能专注于最重要的事情，将次要的事情暂时搁置。门外传来电视的声音，令人好奇，但不能被这种声音诱惑，而是应该先把手头的事情完成。要想做到这一点，必须真切认识到事情的先后顺序。

我们应该跟孩子讨论今天该做的事情，并且根据每件事的重要程度画星星，打分。看电视、跟朋友去游乐场玩、做作业、读书，通过画星星来决定每件事的先后顺序。自己做出决定之后，更容易抑制其他刺激，专注于该做的事。可以在笔记本上写出每件事，亲自确认，每完成一件事就画一条红线。养成这个习惯以后，选择注意力会突飞猛进。

其次，提高孩子的执行能力，需要有针对性地提供帮助。

假设一个7岁的孩子在解答数学题。他对数学抱有强烈的负面态度，认为数学很难，不喜欢。父母通过多种方式帮助孩子在游戏的同时培养数学感觉，等孩子有了信心，再进行书面测试。一开始，孩子满怀信心，认为自己肯定能解答出来。不料刚做完三道一位数加法题，他的注意力就开始涣散，左顾右盼，想去玩。这时，孩子需要什么样的帮助呢？

"哇，三道题都做对了。"一边表扬，一边用孩子喜欢的蓝色彩铅画上漂亮的圆圈，让孩子恢复斗志，重新专注于解题。刚做了几道题，又分心了。要想帮助这样的孩子，每做完一道题，我们就为他打分。看到自己做对了，孩子的眼睛会闪闪发光，重新专注于解题。

当孩子做了大约10道题的时候，专注力下降，开始出现错误。这时不要立刻指出他的错误，只要停止打分，说一句"哦？"就够了。孩子会立刻明白，"等一下！"然后自己改正错误。真的无比可爱。就这样，孩子轻轻松松地完成了五页加减法混合运算，每页30道题。

因为有了这样的帮助，即使面对转头就能看到玩具的刺激，孩子依然能够发挥选择注意力。为了给孩子树立起强烈的自我信念，让他认为自己是非常专注的孩子，我们要在孩子完成作业后强调："你怎么做到这么专心的？你克制了想玩的愿望，这可是非常出色的能力！"随着成功体验越来越多，家长给孩子提供的帮助可以逐步减少。孩子也渐渐具备了自我调节的能力。

现在，孩子在数学课上可以很容易发挥专注力了。他会笑着说："数学也很有趣，我的数学很棒！"

让孩子强烈地认识到事情的先后顺序，适当给予必要的帮助，孩子就能自行抑制周围不必要的刺激，有选择性地专注于自己该做的事，从而完美地发展选择注意力。

04
转换注意力
固执于手头事务的孩子

•• 什么是转换注意力

贤宇7岁了,明年就要上小学。他从小就特别喜欢读书,但有时会过分沉浸在书里,叫他吃饭或洗漱,甚至到了上幼儿园的时间喊他出门都听不见。即使朋友来玩,贤宇也经常一个人看书。

以前只是觉得他爱看书,家长不太担心。可是就要上小学了,"如果沉浸在书里忘了上课时间怎么办?""光知道看书,不和同学玩怎么办?""他会认真记作业吗?笔记呢?"各种各样的担忧涌上妈妈心头。

珠荣是小学三年级的学生,读书时也出现和贤宇相似的现象。

阅读课上,老师先读了前面的部分,然后问珠荣:"刚才读过的内容当中,主人公为什么哭了?"可是珠荣没有回答。

"珠荣？珠荣？"老师连续叫了好几次，珠荣还是没有回答，只是自己翻书。过了一会儿，他才抬起头说："啊！是的，老师。"老师问："刚才没听到老师的问题吧。你在想什么，想得这么认真？"

"啊，我很想知道后面的内容，就读了那个部分……您刚才问了什么？"

幼儿和小学生身上发生的问题不止这些，日常生活的各个方面也都出现了相似的问题。

"专注力很好，就是一旦沉浸于某件事，对其他事都不感兴趣了。"

"只知道埋头于自己感兴趣的事，不和同学玩儿。"

"我行我素，不服从指挥。"

"不知道通融，很固执。"

贤宇和珠荣怎么会出现这种现象呢？仔细观察就会发现，从手头正在做的事向其他事情转移注意力的时候，两个孩子都因为转换注意力不足而遇到了困难。

所谓转换注意力，指的是正专注于某种刺激或任务的时候，需要将注意力转向其他刺激或任务的能力。转换注意力也叫交替注意力，需要精神的柔韧性。

孩子出现了和贤宇、珠荣相似的现象,也许是因为孩子沉浸于某项特别喜欢的活动,也许是因为在不知不觉中形成了习惯,抑或是因为关系不好而故意不听对方说话。虽然存在个体差异,不过一般来说,大部分孩子在 4 岁以后都具备了停止进行中的有趣的游戏并转移注意力的能力。如果孩子在日常生活中或在幼儿园等场所同时面对多项任务的时候,因为不能转移注意力而发生冲突或失误,那就有必要观察孩子的转换注意力了。

•• 转换注意力为什么重要

有时候,我们会根据需要以或短或长的时间间隔转换注意力。每当这时,我们都需要专注。处理很多事情的时候,这种能力真的非常重要,必不可少。如果孩子的转换注意力不足,那么面对时时刻刻都在变化的情况和刺激,就很难做出迅速灵活的应对。孩子常常无法适应需要精神柔韧性和灵活性的情况,比别人慢半拍。

我们不妨想象在学校里听课的场景。老师讲课,孩子们要做笔记。注意力在这个过程中怎样发挥作用呢?孩子们认真听老师讲课,某个瞬间将注意力转向自己,开始记笔记。记完笔记之后,再次转移注意力,听老师讲课。对孩子们来说，同时执行两种功能（边听边记）的分割注意力还不够发达。老师也很清楚，所以会留出时间给孩子们记笔记，再接着讲课。

所谓转换注意力，指的是在互不相同的两种以上任务之间变换、转移注意力的能力。比如玩汽车游戏时能听得见别人的呼唤；下课跟朋友聊天时听见铃声，能迅速将注意力切换到上课准备；完成一项作业，转移到下一项作业。这些都属于转换注意力。简单地说就是停止此刻埋头在做的事情，根据自己的需要或者他人的要求将注意力转移到其他任务并且专注其中的能力，也就是有效进行注意集中和注意转换的能力。

如果孩子缺乏转换注意力，那么在看书的时候听到父母或老师的指示，就不能立刻回应，按照指示去做。看见某个物体模仿着画下来，或者在笔记本上抄写黑板上的内容，也会遇到不小的困难。因为在游戏或学习的时候，孩子都无法顺畅地转换注意力。无法顺畅转换，其中也有注意力转换速度太慢的含义。

下文还会解释同时专注于两个以上对象的能力，也就是分割注意力，严格说来就是以极快的速度，持续转换注意力的能力。转换注意力还在更高级别的任务中发挥非常重要的作用。

当心理层面遇到困难的时候，转换注意力也能发挥强大的力量，这就是注意转换技法。简单来说，心情不好的时候，投入另一项活动有助于摆脱痛苦的情绪。忧郁或焦虑的时候，将注意力从负面情绪中转移出来，专注于五种感官，这也是很不错的方法。欣赏美好的音乐和绘画作品，触摸柔软的娃娃，闻香味，悠然自得地品尝食物，这些也都可以愉快地转换注意力。转换注意力是一种认知能力。当孩子情绪混乱的时候，也可以成为调节情绪的有效心理疗法。

对转换注意力不足的孩子而言，令人格外担心的是社会性问题。如果转换注意力落后，不能根据情况灵活地发挥融通性，跟不上情况变化，应对能力也会相对落后。交朋友的时候固执己见，难以接受不同意见，最终会被看成是任何情况下都以自我为中心的孩子。父母们通常想不到的是，这种社会性问题也源于孩子的注意力。请记住这样的事实：转换注意力不足会导致朋友之间的冲突和矛盾，容易被孤立。

•• 培养转换注意力需要做什么准备

培养转换注意力就是培养大脑活动的柔韧性。这与脑部的可塑性有密切的关系。我们来看美国神经科学家、大脑可塑性研究专家迈克尔·莫泽尼奇和同事们进行的猴子实验。

猴子的部分脑细胞对声音做出反应，另一部分脑细胞对触觉做出反应。实验期间首先训练猴子对声音和触觉这两种特定刺激做出不同的反应。当听到特定声音的时候，猴子只要动动手就能喝到果汁，但感受到触觉刺激的时候，即使动手也喝不到果汁。

这样会出现什么结果？猴子当然会更加专注于可以带来果汁奖励的声音。有趣的是，经过这次实验，猴子对声音做出反应的脑细胞数量增长，而对触觉做出反应的脑细胞数量没有发生变化。当猴子对触觉做出反应时给予奖励，如同预料的那样，对触觉做出反应的脑细胞数量也增长了。

2004年，德国雷根斯堡大学阿尔内·梅教授的研究小组发表一项研究结果：经验会促使人脑发生结构性变化。研究小组将没有杂耍经验的24名成人分成两组，让其中一组在三个月内进行60小时以上的杂耍练习，另一组不做任何练习，同时拍摄三个月前后的大脑状态。

结果显示，进行杂耍练习的一组（与没有练习的一组相比）的大脑中，神经细胞密集的中间颞叶区域的灰质有所增加。有趣的是，后来杂耍练习小组中断了三个月练习，增加的灰质有所减少。这证明大脑不仅随着练习（经验）而变化，而且该变化是可逆的。

心理学家指出，需要通过刺激和信息有效学习某种东西时，大脑会自动变化到适合学习的状态，这就是大脑的可塑性。也就是说，如果反复暴露于某种环境或重复特定的体验，大脑会为了有效地处理信息而发展相应的结构和功能。而且，这种变化在人的一生中会持续发生。

这真是神奇的能力。由此我们可以得到重要的启示：即使目前做不好，只要我们经过一定程度的练习和训练就能得到充分的发展。有了大脑的可塑性，孩子的转换注意力也可以通过练习和经验得到充分培养。

有的孩子一旦沉浸于某种活动就很难转换注意力。对于这样的孩子，我们可以训练注意力的转移。例如，和他从一数到十，随着训练次数的增加，孩子在转换注意力之前需要数的数字也会慢慢减少。不知不觉间，只要数"1、2、3"就能轻而易举地转换注意力。随着转换注意力的继续发展，将来也就不再需要这个步骤了。

05
持续注意力
做事没耐心的孩子

•• 什么是持续注意力

请看我与小学五年级学生海潭的对话。每次只要开始学习,海潭就会不停地喝水,一个小时开十几次冰箱。

咨询师:为什么总是出来喝水?

海潭:我本来喝水就比较多。大概三升?十分钟喝一杯或两杯。

咨询师:哦!经常喝,而且喝得很多啊?那在学校上课的时候怎么办,很麻烦吧?

海潭:嗯,上课的时候,喝我带的水瓶里的水。

咨询师:可水瓶里的水不到三升吧?那怎么办呢?

海潭:在学校不会喝很多,不是很渴。可是在家里学习时就总是想喝水。水喝多了,又要频繁去卫生间。

其实，多喝水本身不是问题。海潭的问题在于他没有能力坚持坐在书桌前。如果不是妈妈在旁边监督，海潭在书桌前坐不到十分钟就会动来动去。比起真正做作业的时间，开小差的时间更多。有时作业还没完成一半就说头疼肚子疼，躺到床上去了。

如果现在连完成作业都这么困难，将来到了高年级，说不定每天都要和妈妈发生作业大战。海潭的持续注意力已经亮起了"警示灯"。这不仅仅是学习时出现的问题，海潭在日常生活中也经常出现相似的状况。

1. 容易不耐烦，容易放弃。

海潭吵着要玩球，然而玩得并不顺心，只玩了两次就说"哎呀，太容易了，没意思。"随后玩起了优诺牌，没等玩到一半就说"啊，这个不会，玩别的吧"，又去找其他的玩具。

2. 做一件事需要花很长时间。

海潭在解答数学题，做了三四道题后，托着腮帮子思考了很久，好像忘记了要做题，直到妈妈催促才重新开始。大概又做了五道题，他说口渴，要去喝水。开冰箱门的时候，海潭发现了磁性装饰品，于是哼着歌重新排列起那些装饰品。直到妈妈再次催促，他一直都在做别的事。

3. 一会儿做这，一会儿做那。

两个朋友来家里玩，拼起了乐高。海潭自己拼了一会儿，看见朋友拼的乐高，就把自己的推到一边，开始和朋友一起玩。拼了不长时间，海潭又去找另一个朋友，对大家拼的乐高发表意见，再坐下来一起拼。

4.没毅力，没耐心，坐不住。

海潭在写读后感，需要写满一页，可是刚写完第一行就无话可说了，大半个身体已经离开椅子。妈妈催他快写，他说："写什么呢？啊，胳膊好疼，没什么可写的，什么时候能写满十行啊？"

简而言之，海潭不具备持续完成任务的力量。

这种持续专注于指定的任务、必要的刺激或信息的能力被称为"持续注意力"。注意力持续集中的时间被称为"注意力持续时间"。到了高年级，学习内容不再简单，学习量也会增加。因此，持续注意学习的时间也应该加长。问题是很多孩子做不到这点，那么进入作业又多又难的高年级之后，持续注意力就会成为很大问题，像海潭那样。

•• 持续注意力为什么重要

孩子渐渐长大，解决问题的能力需要相应提高。像前面说过的那样，学习内容更难了，学习量也增多，那就需要保持更长时间的注意力。不过，像海潭这样的孩子，因为持续注意力不足，则很难适应。年级越高，学习的过程越艰难，最后很有可能放弃。

如果经常在学习上遭受挫败，那孩子的自尊心就会变弱，影响孩子成长为独立的个体。日常生活中也会频繁发生问题，导致孩子产生焦虑情绪，还会妨碍孩子持续注意力的发展，从而形成恶性循环。

随着孩子渐渐长大，持续注意力变得更加重要，专注时间就成了问题。对不同年龄、不同个性的孩子来说，注意力持续的时间稍有差异。而孩子为自己确定的目标不同，注意力持续的时间也会不同。

按照年龄划分，注意力持续时间大致为"年龄×1分钟"，最多是孩子年龄的2—3倍。另外，根据首尔大学教育研究所的资料，满2岁的孩子注意力持续时间在5分钟左右，3—4岁在10—15分钟内，5岁以上的孩子可以在15—30分钟内集中注意力进行某项活动。

孩子的注意力持续时间为什么互不相同？这是因为即使在相同的年龄段，注意力持续时间也存在个体差异。如果是感兴趣的课程，或者有充分的理由去投入，孩子就能在更长时间内保持注意力集中。

小学课程表是四十分钟的上课时间和十分钟的休息时间交替进行，每天 4—6 节课。如果持续注意力不足，那在每节课中都会损失不少时间，与同龄孩子在这段时间里学习获得的知识和智慧相比，就能感受到持续注意力的重要性。

培养持续注意力需要做什么准备

持续注意力不足的孩子尤其不能持续专注于自己正在做的事情，经常很散漫。尝试提高孩子持续注意力的具体方法之前，重要的是了解什么能帮助孩子提高持续注意力。

第一，保持清醒状态。

保持清醒并不仅仅意味着不犯困，更是持续地关注需要注意的对象，保持警觉。当注意力不集中的孩子在学习时，父母要适当地保持距离，通过和孩子搭话或让孩子回应提问等方式给予帮助。这种帮助不仅能告诉孩子不知道的信息，还能让孩子保持警觉。

第二，必须是适合孩子完成的任务。

对于难以完成的任务，孩子无法持续保持注意力。这让我想起放假期间去英语训练营的事，有个孩子在上课时间一直打瞌睡。这个孩子比任何人都认真、诚实，然而英语训练营的课程大部分只用英语授课，听起来非常吃力。上课内容难以理解，怎么能够产生兴趣或者挑战欲望呢？完全听不懂的时候，孩子只能睡觉。

第三，必要的情绪调节能力做后盾，才能在艰难的状态下忍耐和坚持下来。

广为人知的棉花糖实验以特定阶层的孩子为对象，为了达到特定目的而使用实验结果，因而引发批评和争议。尽管如此，我们还是可以关注与此相关联的后续实验。

比如2012年美国罗切斯特大学研究组的实验。这个研究组将28名4岁孩子分成两组，进行了事前实验和主要实验。在事前实验中，首先告诉孩子们要装饰杯子，让他们坐在放着美术材料的书桌前，告诉他们"再等一等，我给你们拿些蜡笔以外的材料，请稍等"。等待几分钟之后，按照约定给一组带来了所需材料，同时向另一组道歉"我以为有别的材料，可是没有，对不起"，没有给他们拿来材料。

随后进行的主要实验以经历过信任的小组和经历过不信任的小组为对象，通过棉花糖实验（提议等15分钟再给1个棉花糖）来测试延迟满足能力。在主要实验中，两组孩子都做出了怎样的反应呢？

以实验平均数据来看，经历过信任的孩子比经历过不信任的孩子多等了4倍的时间。信任体验的有无导致延迟满足能力出现了如此巨大的差异。

尽管这个实验与注意力没有直接关系，不过也有需要我们关注的地方。如果让孩子产生了信任感，孩子就会调节自己的欲望和心愿，耐心等待。感到不舒服和痛苦的时候自行调节情绪状态的力量就源自孩子所拥有的对人和世界的信任。

人类大脑在处理情绪问题上比任何问题都优先使用能量。情绪焦虑或饱受抑郁折磨的孩子大都难以持续保持注意力，很容易受挫或放弃。只有孩子心情平静，大脑资源才能在认知处理过程中得到适当使用。如果孩子持续注意力不足，首先要稳定他的情绪。当他感到焦虑时，或者因为挫折想要放弃时，父母要懂得给予真正的安慰、共鸣和鼓励。这可能是提高孩子持续注意力的秘诀。

06
分割注意力
无法专注于两种以上事物的孩子

•• 什么是分割注意力

数学课上,老师开始解题。"今天我们要解答的题目很多,如果不专心就会漏掉,所以请同学们注意听讲!"说完老师按顺序迅速讲解。

小学六年级的俊赫认真听讲,马不停蹄地做着笔记。在跟随老师解题的过程中俊赫却出现了问题:"中间计算值为什么是8呢,哪里不对?怎么办呢?这个问题很重要的。"俊赫又看了一遍计算过程,找出了错误:"啊,这里做错了。"

终于找到原因,俊赫抬头看向老师,老师已经在讲解下一道题了。"啊!我该怎么办?"俊赫说。

事实上,俊赫是个很用功的孩子,他会努力完成作业,上课也认真听讲。但他总是遇到这样的情况,需要同时关注几件事的时候就跟不上了,肯定会错过其中一件,导致无法完成任务或活动。明明做什么都很努力,为什么会出现这种问题呢?

我们对学生进行了以下测试。

任务一：认真听新闻报道，并记住内容。

任务二：一边记新闻内容，一边做数学计算。

孩子们基本可以完成听新闻记内容的任务，但加上做计算题就不太容易了。要想记住新闻内容，就得专心倾听，而计算也是需要集中注意力的。像这样将自己的注意力分配给互不相同的刺激或信息的能力就是"分割注意力"。以上面的任务为例，需要针对听、记任务和计算任务平均分配自己的注意力。因为要将注意力同时分配给两项以上的活动，所以也叫"同时注意力"。

有了分割注意力，我们可以右手画圆圈，左手画三角。篮球运动员也可以一边带球，一边观察前后方。不过，这种分割注意力需要高度集中和技术。

随着年龄的增长，孩子经常会遇到复杂的任务，或者要同时完成多项任务。比如一边穿衣服一边回答妈妈的问题；边听算式边在本子上写出答案；游戏的同时跟朋友聊昨天的事情；听老师说话的同时看黑板，并在笔记本上记录。

在日常生活和学习当中，分割注意力的用处非常广泛。随着孩子的成长，他们需要应对的情况也会变得更加多样复杂，所以更迫切地需要分割注意力。

分割注意力为什么重要

我们想一想下面的任务。

屏幕中央会随机出现圆形、三角形或正方形（视觉刺激）。与此同时，钟声、相机快门声、门铃声这三种声音中的一种会响起（听觉刺激）。

当与上一组相同的形状或声音出现时，按下按钮。

例如：①三角形—钟声→②三角形—门铃声→③圆形—相机快门声→④正方形—钟声→⑤圆形—钟声→⑥圆形—门铃声→⑦正方形—门铃声→⑧圆形—钟声，按照这个顺序播放图像刺激和声音刺激，应该什么时候按按钮？正确答案是在②⑤⑥⑦出现时按按钮。

这个任务测试的是在同时面对视觉刺激和听觉刺激时，能否适当分配自己的注意力并做出反应。很多孩子会觉得很难完成这样的任务。

进入高年级以后，孩子需要的分割注意力也越来越多样化。听课的同时做笔记、踩着自行车踏板转弯、换挡调节速度、适当协调父母的要求和朋友的要求，这些都属于分割注意力的领域。

需要完成多项任务的情况下，如果孩子不能正常发挥分割注意力，那就无法顺利完成这些任务，就像六年级的俊赫。

高年级的孩子会面临同时解决多个问题才能完成的任务，考试也要注意试题要求的多个事项。同时执行两项以上的任务时，分割注意力不足的孩子会过分注意其中一项，而忽略其他任务。

在孩子的成长过程中，分割注意力随着年级的升高而发挥日益重要的作用。尽管如此，我们也没有必要提前为幼儿阶段或小学低年级的孩子担心。即便是采用计算机化的注意力检查方法，对分割注意力的评估也仅针对 9 岁以上的人群进行。

年幼的孩子连专注于一件事都需要练习，让他们将注意力分配给两项以上的活动并不合适。应该优先培养他们的焦点注意力、选择注意力、转换注意力和持续注意力，等孩子到了三、四年级再发展分割注意力，这才是切实可行的做法。

•• 培养分割注意力需要做什么准备

美国心理学家迈克尔·波斯纳和同事们研究了在同时注意各种刺激时，人们对不同任务做出的反应有什么区别。该实验为参与者提供了类似"嘟"的机械音和特定文字，每次听到机械音，判断前后文字是否相同，然后按下按钮。这项实验旨在了解参与者对"听到机械音后按按钮"和"判断前后文字是否相同"这两个任务如何分割注意力,并进行处理。

结果怎样呢?参与者在看第一个文字时,听到声音刺激后按下按钮的速度是固定的,这意味着反应非常稳定。然而看到第二个文字后,参与者对声音的反应时间变长了。我们不妨来想想原因。

听、看、按按钮,这些动作都很简单,所以反应速度固定不变。可是从第二次开始,就要在按下声音刺激按钮的同时回想前面的文字,再和现在的文字进行比较,得出结论,因此需要更大强度的注意力。这也导致最终的反应时间变长。

我们来总结一下这个过程中发挥重要作用的分割注意力。分割注意力不是单纯和自动的反应。我们应该了解,发挥分割注意力存在一定程度的困难。专家们认为也不存在完美无缺的分割注意力。

分割注意力的要求是如此苛刻,那又该怎样提高呢?专家强调,若想顺利处理两项需要分割注意力的任务,至少要对其中一项任务相当熟练,达到可以自动反应的程度,才有可能做到分割注意力。若有多项任务需要同时、迅速地完成,却对每项任务都不熟练,那么整体的处理必然会出现问题。

俊赫遇到困难的原因和波斯纳研究组的实验参与者差不多。为了不漏掉老师的讲解,俊赫必须在认真听、准确理解和解答问题三项任务中分割注意力,才能做到同时处理。这个过程之所以失败，是因为他对每项任务都不熟练，这成为他迅速处理任务的障碍。这也就意味着要在三项任务中发挥分割注意力，需要俊赫对三项任务都相当熟练。如果对某项任务不够熟练，那就很难适当分割注意力。需要再强调的是，要想充分发挥分割注意力，前提必须是对各项任务有着丰富的经验。

还有一点需要记住，那就是分割注意力与转换注意力有着密切的关联。老师在特定时间内以图像形式展示文章，学生们读过文章之后用电脑输入答案，完成这项任务需要如下过程：

1. 读：阅读内容＋概括、记忆读过的内容。
2. 写：回想记忆内容＋写出答案。

乍看起来好像只要简单地读和写就可以了，事实上并没有那么简单。要想完成读和写，除了"阅读、理解、概括、记忆"之外，还要在"听问题、有选择性地回忆问题需要的内容、写"等多项任务中投入注意力，因此分割注意力就显得至关重要。严格说来，这个过程并非同时完成，而是通过快速的注意力转换来完成，以至于表面看就像是同时进行，因此也可以看成是转换注意力。有的专家说，分割注意力就是快速进行的转换注意力。

我们来重新梳理一下。同时进行多任务处理需要分割注意力，那么我们就应该理解这是什么样的能力。最常见的例子就是擅长做家务的主妇，在燃气灶上煮着两种食物，同时洗碗、整理餐桌，还要和人通电话。如果这些事都很顺利地进行，那么我们可以说这个人拥有非常出色的分割注意力。同时专注于两种以上事情，并且都做得很好，这绝非易事。家庭主妇之所以能做到，是因为这个过程中的大部分步骤都已经通过长时间的练习，达到了非常熟练，甚至可以自动完成的程度。这点非常重要。

随着年龄的增长，要想发挥分割注意力，完成更加复杂的任务，那就需要开发出多种可以自动处理的能力。从幼儿时期开始持续进行拼图、走迷宫、涂色等小任务的练习，到了学龄期，通过训练让基本的学习能力达到熟练程度，包括阅读、写作、计算等领域。当然，家长不能采用强迫的方式，而是应该以愉快的游戏方式让孩子在不知不觉中掌握。请大家参考第六章介绍的具体方法。只有这种自动处理的能力得到充分发展，孩子遇到需要分割注意力的复杂任务时才能轻松完成。

第三章

培养注意力的环境

01 物理环境对注意力影响巨大

•• 所见所闻左右着孩子的注意力

9岁孩子说要回房间写作业,然而坐在书桌前并没有真的写作业,而是不停地玩,要么摆弄喜欢的口袋妖怪卡片,要么用超轻黏土做手工。孩子不能专心做作业,看起来是因为注意力不集中,可真的只是这个原因吗?孩子明明也想完成作业,只是看到自己喜欢的玩具就难以抗拒。

俗话说"见物生心"。这句话用来形容孩子受环境影响时的心理非常贴切。看到某样东西的瞬间,心里产生冲动,很想将其拿在手里触摸、感受,也就是想玩。因此培养孩子注意力的时候,最应该注意的就是视觉环境。孩子想学习,却总是被眼前的事物吸引,即使不去玩内心也会感到混乱。处在"见物生心"的环境之中,不管孩子多么想学习,都会很容易分心。

对于听觉敏感的孩子,哪怕很小的声音也会分散注意力,使他们的情绪变得急躁,原本正在进行的学习也无法继续下去。

近年，伤害孩子注意力的最强因素当数智能手机。只要智能手机放在身边，完成作业的效率和质量就会发生变化，不是吗？如果把手机放在孩子身边，却反过来责怪孩子不专心，这是很荒唐的事。

我们绝对不能忽视周围环境对孩子学习和注意力带来的影响，也不要误以为仅凭意志和努力就能调节孩子的专注力。在培养出孩子自主掌控和调节环境条件的能力之前，父母都要为孩子提供帮助。

一位爸爸和6岁的孩子散步，走的是平时很少走的路线，前面不远处有孩子很喜欢的娃娃机，不过孩子还没发现。可以预见，发现娃娃机的瞬间，孩子会做出怎样的反应。这时，大人首先要做的不是和孩子对话，而是巧妙地调节孩子所处的环境。

如果换成是你，会怎样做？比如转头回去，但这可能会引发孩子的不解与好奇；也可以让孩子停下，告诉孩子今天不能抓娃娃，或者可以看娃娃，但是不能抓。这都要回答孩子一连串的提问，也是很麻烦的事。无论哪种做法，都不尽如人意。

这位爸爸的做法是像做游戏似的捂住孩子的眼睛，猛地抱起来，快步走过娃娃机门前，再把孩子放下来。孩子什么都不知道，反而因为爸爸的意外举动而开心，并重新拉起爸爸的手,愉快地散步。这个方法就巧妙地帮孩子调节了所处的环境。

为了了解咨询者的心理变化,心理学家首先会观察环境因素,哪怕是很细微的部分。为了让来到咨询室的孩子专注于游戏和对话,恢复心理上的平静,获得进步的体验,咨询师是怎样做环境准备的呢?我们来看一看。

首先和孩子面对面坐下来,询问孩子这星期过得怎么样,同时观察孩子的表情和动作,了解他的心理,然后让他选择自己想要的玩具。根据孩子的情况,确定当天可以玩的游戏数量。对于注意力散漫,遇到困难就容易放弃的孩子,游戏数量就限定 2—3 个。孩子拿到自己选择的玩具,放在桌子上,然后坐回椅子。他真的能专注于自己选择的玩具做游戏吗?稍不如意,在可能输掉或已经输掉游戏的时候还会继续玩吗?

在注意力涣散的情况下,如果眼前再出现其他玩具,孩子就很难保持专注了。哪怕是自己选择的玩具也会失去兴趣,被眼前出现的新玩具吸引,很难重新专注于之前的游戏。

这种情况下,如果孩子眼前没有其他玩具,事情就简单多了。我们要理解孩子因失败而受伤的心情,即便结果失败,也要找出他的优点加以表扬。如果孩子使用了富有创意的方法,更要特别强调,再次表扬。孩子难过的心情就会得以平复，从而将游戏进行到底。

在咨询师培训中，非常重要的一项就是咨询室的设计。咨询师应亲自坐在孩子要坐的位置，了解孩子的视线会看向哪个地方，孩子坐在这个位置会感受到什么、想到什么，然后再准备咨询需要的物品。

通常来说，儿童咨询室的墙上都会陈列玩具。最好的设计是咨询师可以看见摆放玩具的地方，而孩子只能看到咨询师和后面的墙壁。家庭环境作为孩子成长中接触最多和深入的空间，又是什么情况呢？是否有过多玩具会加重孩子的散漫呢？

环境对人的心理有着巨大影响。培养孩子注意力的时候，我们必须记住这点。下面来聊聊提高孩子注意力的时候，需要去除或增加哪些视觉、听觉要素。

•• 必须清除的视觉、听觉刺激

相比之下，物质匮乏所带来的问题不会比物质过剩导致的问题更多。我们来看看家里需要清除哪些视觉、听觉方面的刺激。究竟是什么在扰乱孩子的视觉和听觉？

孩子房间里有多少玩具呢？坐在孩子的书桌前，眼睛都能看到什么？书架，书架上的书、练习册和笔记本，以及摆放着的书写工具。还有什么？孩子喜欢玩具、智能手机、平板，或者没吃完的零食。孩子要上多媒体课，所以书桌上常常有电脑。如果孩子现在要完成的作业是做练习册，恐怕很难专心去做。

这些视觉刺激会诱惑孩子，剥夺孩子的意志。孩子想专心做作业，却又不由自主地被眼前的事物吸引。我们应该尽可能保证这些东西不出现在孩子面前。

因为孩子不够专心而训斥孩子，这样做毫无用处。重要的是要把不需要的玩具、智能手机等挪到他看不到的地方。如果不方便挪放，那就给孩子另外寻找适合专心做作业的场所。这也不失为好办法。单独准备让妈妈和孩子面对面、孩子能够专心做作业的桌子，或者在客厅桌子、餐桌上做作业也行。不论使用什么方法，消除刺激孩子注意力的视觉要素就等于在写作业问题上帮助孩子成功了一半。

出人意料的是对听觉刺激敏感的孩子非常多。孩子坐在自己房间的书桌前打算学习，可是到处都有声音，导致无法集中注意力。楼道里的噪声、房间外面传来的吸尘器的声音、电视机的声音、打电话的声音、爸爸妈妈大声说话像在吵架的声音，甚至窗外传来的汽车喇叭声都很刺耳，这些都让孩子感到很痛苦。对于这样的孩子，单单批评他们不够专心，实在不合情理。

如果孩子对听觉刺激敏感，那就要调节他所处的环境，不让周围的声音妨碍他。当然，有些声音父母自己也无法避免，至少家人尽可能不发出噪声。注意力不会因为父母的担心而改善，只有先从环境方面清除让孩子感到困扰并分散其注意力的刺激因素，孩子的注意力才会逐渐改善。

•▶ 改善注意力必须做的事

有的孩子为了找橡皮擦而离开书桌，把家里翻个遍，到处寻找橡皮擦。妈妈也跟着出动，最后还是在书桌上找到了。原来橡皮擦是压在书的下面，只是孩子没有看到。看似小事，却让妈妈发怒，孩子也因为找橡皮擦而分散了注意力，难以专注于做作业。我们都很清楚，类似的事情太多太多了。

对缺乏注意力的孩子来说，物理环境至关重要。在孩子尚未养成自己准备和整理物品的习惯之前，父母可以适当帮忙，书桌上各种物品的摆放务必整齐有序。

有的孩子很容易因为视觉刺激而分散注意力，这就需要做些特别的准备，便于让孩子在视觉上更专注。如果书桌上或旁边有书架，最好按科目分类，固定书本和练习册的位置，贴上标签。按照"今天要做的作业""已经完成的作业""本周要完成的作业"分成不同区域，孩子一眼就能看到需要完成的任务量，效果会更好。如果看见在"已经完成的作业"区域积累了多本作业，孩子就会产生成就感，对之后要做的事会更有主动性。

书写工具的准备也很重要。尽管书包里有笔袋，然而书桌角上摆放立式笔筒也能起到重要的作用。当然不是让父母事事都为孩子做好准备，每天固定时间帮助孩子整理书桌，其实只要五分钟就够了。"怎么这么乱？快点儿收拾一下。"这样的唠叨无济于事。应该通过多次练习，帮助孩子提升自主整理的能力。让孩子心平气和地和父母一起做准备，这样的经历多了，那么创造有利于注意力集中的环境的能力就会成为习惯。

尤其是听觉敏感的孩子，更是需要细致对待。孩子会因为刺耳的声音而感到痛苦，更难专心，所以最好阻断让孩子感到痛苦的声音。如果做不到，至少也要让孩子远离。可以让孩子戴上耳机聆听令人情绪稳定的音乐。不过，相比听音乐，隔绝外界噪声更有利于提升注意力。家长可以准备性能良好的耳塞，如果有余力，也可以在孩子的房间里安装隔音材料。创造一个安静的学习环境是提高孩子注意力的必需事项。

另外，空腹状态下注意力会明显下降。我们都知道吃得太饱容易疲倦也就难以专注，肚子饿时同样如此。如果刚刚吃过饭，最好等消化得差不多了再学习。如果很饿，最好先吃点东西。

即使遇到微小的刺激，孩子也容易分散注意力。所以，环境准备工作看似不起眼，实则对注意力有着意想不到的强烈影响。这点我们要牢记。

02
提高注意力的"事例概念化"和"结构化"

•• 把孩子的注意力问题"事例概念化"

也许有人第一次听到"事例概念化"的说法。在心理咨询中，事例概念化的过程非常重要。它是指以咨询者丰富多样的心理信息为基础，判断问题的原因和症状，确定咨询治疗的目标和方法。

当前父母和孩子痛苦倾诉的问题是什么？原因又是什么？导致问题持续出现的因素是什么？这些都需要先了解，然后在咨询过程中确定相应的治疗目标，选择治疗方法。这就是事前对整个过程加以概念化。

比如小学三年级学生振成的事例，我们就可以通过概念化来观察。振成妈妈主要担忧的问题是振成写作业磨蹭，甚至不做作业，还谎称已经做完了。不过，更让妈妈担心的是，即使写完了作业，他也会因为不专心而导致遗漏，或者出错。

振成感到不适而抱怨的问题又是什么呢？引发问题行为

的原因是什么？持续这些行为带来的次生利益又是什么？下面是根据与振成的对话整理的内容。

振成的心态	
抱怨的问题	・我也想听父母的话，好好完成作业 ・我也想开始了就坚持到底 ・我想在不看别人脸色的情况下打游戏
诱发原因	・我想先打游戏 ・不想做作业，觉得做作业很难 ・即使下定决心做作业，也很难专心
持续原因	・手机游戏太有意思了 ・有时我不想做，拖延、耍赖，妈妈就会给我减少作业 ・如果我做错了，妈妈会发牢骚，但最后还是会帮我讲解，告诉我正确答案

通过总结，我们可以了解孩子面对当前问题的心态。孩子也期待自己发生变化。最重要的是即使有改变的决心，但还是很难集中注意力，这是明显的注意力问题。因此，孩子更不喜欢做作业了。除了游戏好玩，妈妈不恰当的介入也是导致孩子问题持续的原因。

由此可见，孩子的注意力问题不是意志薄弱和努力不足导致的问题，而是孩子没有掌握集中注意力、轻松写作业的方法。这才是问题的核心。妈妈采取的方法对提高孩子的注意力没有任何帮助，反而给孩子带来次生利益，只会更加强化这个问题。

需要注意的是，如果引发和持续问题行为的因素太强烈，那么孩子个人不仅无力改善，情况还会越来越严重。我们该怎样帮助孩子呢？当然是制定计划，通过练习和训练来改善孩子的注意力。这才是最好的方法。

然而，要像专家那样制定一个庞大计划来提高孩子的注意力，对家长来说可能会力不从心、困难重重。不过，还是有一些具体的方法可以帮助孩子提高注意力。

•• 将提高注意力的方法加以"结构化"

了解孩子需要完成什么任务，然后按照顺序和方法操作，并使之系统化，这个过程在心理咨询中被称为"结构化作业"。首先确定需要完成的事情和事情完成的顺序，以及需要遵守的规则，然后和孩子一起按顺序进行。为了提高注意力而加以结构化的方法很简单。比如，我们可以从提升注意力的游戏开始。虽说是游戏，但也需要遵守规则，还要告诉孩子，如果对游戏的顺序或规则不满，或者想要做出改变，那么应该怎样说、怎样做，然后按照事先约定进行。

因为无法集中注意力,敏奎经常挨批评。下面是我和他就此进行的结构化工作。

咨询师:听说你因为不听妈妈的话而挨了批评,心里很难过吧?

敏奎:是的,妈妈总是责怪我。

咨询师:那的确很难过。你也想做好,得到表扬吗?

敏奎:是的,当然了。可是我做不到。

咨询师:从现在开始,老师教你怎么做。你想学吗?

敏奎:可是,太难的事情我不想做。

咨询师:不,我们只是玩,你只要遵守几项规则就可以了。你肯定做得到。

敏奎:好。

咨询师:好的。那么,我先告诉你游戏规则,非常简单。

1. 一旦开始游戏,就要坚持玩到最后。
2. 玩过的玩具要立刻放回原位,然后再开始下一个游戏。
3. 如果中途改变主意,要用语言表达出来。

简单来说,就是事先跟孩子解释清楚要做什么、怎么做,然后再开始。也许你已经猜到,提升注意力的咨询中会根据需要自由游戏,不过更重要的是结构化的游戏。规定好在有限时间内玩的游戏数量和顺序,还要事先约定需要遵守的规则。为了让孩子顺利完成,这些问题都要加以结构化。下面是根据敏奎的注意力训练结构化而进行游戏时的对话。

咨询师:今天我可以和你玩三个游戏。你自己选择。
敏奎:只能玩三个吗?我都想玩。
咨询师:四十分钟玩三种游戏正合适。你选择三种吧。
敏奎:这个玩过了,那个也……这个是什么?啊,不是。

敏奎挑选游戏就花了五分钟以上。哪个玩具都懒懒散散地摸一摸、碰一碰,选不出自己真正想玩的游戏。类似的选择困难经常出现在注意力不足的孩子身上。这时候,适度的时间限制会有所帮助。

咨询师:我们游戏的时间正在减少。下周再玩别的也行,你要选出现在想玩的三种游戏。我给你十秒钟时间,准备好了吗?
敏奎:准备好了。
咨询师:10、9、8、7、6、5、4、3、2、1,结束!
直到"1"时,敏奎才急急忙忙地选出三样玩具,拿到桌子上面。

咨询师：你选出了自己想要的。来，现在从三种游戏里面选出你最想玩的，确定顺序，第一个、第二个和第三个。

三种游戏的顺序，敏奎也无法迅速决定，还把视线转向其他玩具。时间在继续流逝。

咨询师：这回我给你五秒钟时间。开始确定顺序，5、4、3、2、1。

敏奎：这个第一，这个第二，那个第三。

规定了时间，这次敏奎没有犹豫太久，很快就确定了顺序。没有经过训练，这种事对他来说恐怕很辛苦。这个看起来很简单的过程就是结构化。

这个过程也需要反复多次，孩子才能熟悉，从而习惯规则。确定三种游戏之后，孩子中途会改变主意，不能将正在玩的游戏进行到底。玩一种游戏的时候，难以集中注意力，总是分心去看别的玩具。"我可不可以换个游戏？我想玩那个……"这些都是孩子们常说的台词。这时也不需要多说什么。"说好了，就要遵守约定。"这样的劝说也没有效果。

"今天我们只玩选定的游戏，希望下次你能慎重选择。"

说话时无须发火,也不需要提高嗓门儿,保持平心静气就可以了。这样的态度反而让孩子情绪稳定,有助于注意力的提升。当然,孩子也会自己发发牢骚。最重要的是不管孩子怎样反抗,都要坚定地遵守规则。

训练注意力的时候,解释清楚基本规则,引导孩子反复按规则行动,使得遵守规则成为习惯,这个过程必不可少。从进入咨询室开始,坐正身体、问好、发音准确、回答有关本周情况的两个问题、挑选当天用的玩具,确定顺序后开心地玩耍。这些步骤都要结构化,反复进行,直到孩子能够轻松完成。

我曾反复解释很多次,妈妈们还是担心。"如果孩子不听话怎么办?确定了顺序,可还是会随心所欲地改变主意,怎么办呢?"这样的问题当然不可避免,重要的是解释规则之后,心平气和地等待孩子。用脑子了解一百遍,不如实践一遍。实践十次,只要一次成功,就会恍然大悟。只要父母不急躁,平静而从容地遵守规则,给孩子一些时间和空间,孩子一定会跟上节奏。希望家长们记住这点,一步步地实践。

•• 怎样教孩子遵守规则并做出承诺

我们知道所有游戏都有规则,日常生活和学习当中也存在着大量规则。注意力不集中的孩子很难遵守既定的规则。

能够轻松教会孩子遵守规则，使遵守规则成为习惯的正是游戏。对孩子来说，游戏之所以重要，就在于能够亲身体验社会规则愉快地学习社会规则，而且没有负担和压力。即使开始不会玩，只要一点点参与进去，玩着玩着就学会了。

每个孩子都是从大人那里学会游戏的。3—4岁可以玩互动游戏，比如"你抛我接"，孩子和父母轮流去做，从中学到次序概念。从拍拍手游戏到"石头剪刀布"，所有的游戏规则都是建立在次序概念上的。

如果没有这个过程，孩子就会连基本规则都不懂。通过游戏来培养注意力，规则非常简单。比如名为《德国心脏病》的桌游，规则就是把全部纸牌平分给每个参与游戏的人，每次出一张自己分到的纸牌，出牌时不能先看，必须抓住纸牌上方倒扣着出牌。如果台面上的纸牌中出现了相同的五个水果，那就可以按铃。首先按铃的人可以收走台面上的牌。如果按错了，就接受惩罚给每人一张牌。

如果孩子还处于学习基本规则的阶段，那就在玩游戏的同时告知规则，教孩子学会遵守规则。不过，即使已经熟悉了规则，也还会遇到很多困难。有的孩子了解规则，但感觉自己要输的时候就焦虑不安，甚至试图违反规则。为了应对这种情况，我们要跟孩子"有约在先"。

1. 游戏开始之前同意规则。"知道规则了吧？你能遵守吗？"

2. 如果想改变某项规则，要在游戏开始前说出来。"游戏途中，即使想要改变规则，也要等一局结束后再讨论决定。"

3. 如果因为要输掉游戏而想哭，那就暂停游戏，哭一会儿。

4. 有人在游戏中哭泣，可以暂停等待。

5. 中途想放弃的时候，可以先暂停，然后重新开始。

6. 不要因为赢了游戏而炫耀。

7. 不要嘲笑输了的人。

8. 游戏结束，及时整理玩具。

如果把这些约定作为规则强加给孩子，那么孩子会更难调节自己的情绪。比如，有的孩子会因为失败而哭泣。孩子自己难以控制情绪，"不哭"的约定对他们来说有些难度。因此，第三条和第四条提到可以哭，等孩子哭完再继续游戏，这样的约定反而有助于孩子调节情绪。

需要记住的是，不要指望孩子能一下子就遵守全部约定，只要解释此时必须遵守的一两项，并保证做到。如果遇到新的问题，也可以在一局游戏结束之后重新确定规则。

所谓规则，就是大部分人共同约定遵守的秩序。重要的规则必须遵守。约定则是事先规定参与活动的人应该怎样做，可以根据情况互相商量，做出调整。

感觉自己处于不利位置的瞬间，孩子会突然想要改变规则。当然，我们也可以把规则改得更加有趣。比如《德国心脏病》游戏，同样的水果出现"五个"才能按铃，我们可以通过商量改成"六个"或"七个"，但不能在游戏中途改变。

家长这时候不要唠叨，心平气和、清清楚楚地说出来："等这局结束了再讨论。"通过这样的对话，孩子能更容易平静下来，成长为遵守规则和约定的孩子。

03 交给孩子能够获得成功的任务

•• 调整任务难易度

在培养孩子注意力的过程中，营造适宜的环境并调整任务的难易度也很重要。无论是游戏、日常生活还是学习，我们要交给孩子难度适中的任务。不管专注力有多好，如果任务不适合孩子，也很难取得成功。

如果 6 岁孩子吵着要玩适合更大年龄孩子的游戏，我们应该怎么办呢？比如《大富翁》游戏需要不停地计算金额、做交易，如果是简单的数字计算能适应孩子的水平，那当然是很开心的事，否则这对孩子来说就太难了。孩子想玩什么游戏都无条件满足，那么他可能学不会游戏，并且遇到不如意就会不耐烦、耍赖、倔强、犯规等。这时，我们应该这样对孩子说："啊，这个游戏要到 8 岁以上才能玩。明年秋天你就可以玩了。"这句话告诉孩子，这个游戏对于现在的他有点儿难，不过他每天都在成长，到时候就可以玩了。这样的说法孩子一般会坦然接受，不会抗拒。

学习任务的难易度也会影响到孩子的注意力，更需要细心调整。简单的任务固然容易保持专注力，却也会因为过于容易而让人丧失兴趣。适当的难度可以促使孩子产生挑战欲望，太难了会放弃。因此，调整好难易度非常重要。

适当的难度指的是孩子简单浏览学习任务时觉得自己好像明白，也就是比较简单的感觉。从学习动机来看，10道题目中有7—8道可以自信解答的时候，孩子会产生挑战的欲望。难题或不会做的题目保持在2—3道比较合适。

我们有必要根据孩子适应困难任务的心态采取不同的方法。如果是稍有难度就轻易放弃的状态，那么较为恰当的比例是9∶1。一看就会的简单内容和困难内容的比例从9∶1开始逐渐调整到8∶2、7∶3，这样比较好。需要注意的是，无论孩子如何顺利地适应和进步，难题也绝不能超过30%。家长感觉孩子在做题方面进行得很顺利，于是把习题换成更难的水平，结果孩子的学习态度发生了巨大变化，这样的情况非常多。

•• 决定任务量和所需时间

任务量和所需时间对孩子注意力的影响不逊于任务的难易度。一般来说，学校或辅导班的作业量相对固定，按照同龄孩子平均接受度布置作业，然而每个孩子完成作业的时间却不相同。

事实上，学校布置的作业并不多，保持在适度的水平，但辅导班的作业量就显得比较繁重。孩子能够完成全部作业固然最好，如果感觉有困难，与其强求完成，不如了解孩子可以坚持的时间，确认孩子做满规定时间的作业。这个过程很有必要。有的孩子能够专心致志地做作业二十来分钟，这段时间内完成的作业量就是适度的。当然，做十分钟作业，休息五分钟，再做十分钟也可以。即使短暂休息之后继续再做，提供给孩子的作业也应该是当天可持续的专注时间内能完成的量。

确定作业量和所需时间的时候，最好的办法是让孩子自主确定可以消化的量，然后集中去做，体验到成就感。有了这个过程，孩子会在成功体验的基础上产生内在动力，逐渐增加可以持续做作业的时间，那么能够消化的作业量自然也就增多了。

我们首先要准确了解孩子能够持续专注于作业的时间。只要观察孩子开始作业后能保持几分钟的注意力就行。有的孩子开始十分钟左右就会分散注意力，那么可以制定一个灵活的学习计划，做十分钟作业然后进行短暂的休息。休息时间定在 3—5 分钟比较合适，如果休息时间过长，就很难重新开始。

需要注意的是，看到孩子只做十分钟作业就站起来，父母通常会难以忍受，对孩子的散漫感到气愤。这时我们要记住：孩子的专注时间很短，可能是因为与生俱来的气质，也可能是因为父母没有培养孩子长时间专注的能力。两者都不是孩子的错。

我们也应该审视父母对于专注时间的偏见。我们自己都不能长时间专注，却期待孩子持续专注很长时间。小学生至少要保持一小时的注意力，对注意力不足的孩子来说实在有些勉强，尤其是天生专注时间短的孩子就更难了。尽管每个年龄段都有平均专注时间，然而那毕竟只是平均值。

我们应该从孩子能够保持注意力的时间开始。如果坚持十分钟就要中断正在做的事，那就表扬孩子能够专注十分钟。这份表扬和支持会让孩子保持专注的时间慢慢增加。从孩子能做到的程度开始慢慢增加，这点非常重要。

•• 确定任务顺序

如果需要完成多项任务，那么确定任务顺序就显得至关重要。在日常生活和学习中确定各项任务的优先顺序，商量之后让孩子按顺序完成，那么孩子就能够有计划地完成任务，而不会变得散漫。

如果想要获得更好的效果，可以让孩子自己确定顺序。比如让他按照自己对任务的喜欢程度来排序。先做喜欢的任务会提高效率，这是因为孩子可以从中获得正面情绪。不但任务完成得好，还会收获强烈的满足感。另外，任务已经完成了一半，压力也有所减少，接下来做不喜欢的任务也容易多了。

怎样才能让孩子同样将注意力投入没有兴趣的任务中呢？这就需要强化孩子的专注力、面对困难不放弃的决心、努力做到更好的态度。大部分家长都会错过这个节点，导致孩子长大后，只想做自己喜欢的事情。另外，强迫孩子先做自己不感兴趣的困难任务，这种做法并不可取。如果没有孩子的自主性，强迫只会妨碍孩子的注意力。

如果孩子只想做自己喜欢的事，怎么办？如果是这样，那就要使用结构化方法，开始之前先做说明，帮助孩子系统地完成任务。孩子选一项要完成的任务，妈妈也选一项，然后确定两项任务的先后顺序，彻底完成任务之后再进行下一项。事先确定任务的顺序、规则和方法，允许孩子在规定的范围之内自由决定，但必须帮助孩子完成他承诺完成的任务。任务结构化之后，即使孩子不喜欢做妈妈规定的任务，也会克服抗拒心理，感受到真正的成就感。有了这种体验做基础，专注力就会有所发展。

如果孩子还不具备坚持到底的专注力,父母要提供更有效的方法,并且限制孩子做出不该有的行为。这会让孩子在稳定感中品尝到成就感,找到属于自己的方法。孩子的自我概念会发生变化,从"不专心的孩子"成长为"遵守约定、坚持到底的孩子"。在安全稳定的范围内,根据确定的规则专注于任务,这个过程会促使孩子的注意力突飞猛进。

Tips 为培养注意力营造环境的十条准则

通过训练和学习，孩子的专注力可以获得充分发展。如果再加上有助于孩子专注的物理和心理环境，那就再好不过了。希望各位家长利用下面的"十条准则"，有效培养孩子的专注力。

1. 摒弃妨碍注意力的物理刺激。
2. 营造专门的收纳空间，轻松整理孩子的书籍、书写工具等。
3. 明确区分各种情况下可触摸的物品和不可触摸的物品。
4. 借助谜语或游戏的方式，有趣地布置任务。
5. 布置多样的任务，拓宽专注的范围。
6. 需要长时间完成的任务可以分阶段布置。
7. 可以制定阶段计划表，让孩子自己检查。
8. 如果孩子遵守约定，专门给予表扬。
9. 坚决遵守数字媒体规则（参考第五章）。
10. 积累或大或小的成功体验。

第四章

孩子的注意力取决于与父母的对话

01
孩子需要治愈式父母对话法

智锡在幼儿时期无比可爱，活泼开朗，他的笑声常常感染身边的人。他虽然调皮、散漫，但也算不上什么问题。进入小学后，情况却发生了急剧变化。上课了，智锡也不坐回自己的座位，而且随随便便就插话。他因为这样的散漫行为经常受到老师的批评，后来这种行为问题渐渐蔓延至其他方面，引来更多唠叨和责骂。智锡也变得越来越烦躁，会毫无缘由地冲朋友发脾气，欺负弟弟，甚至因为讨厌写作业而扔掉课本。这样的行为越来越频繁。

转眼到了四年级，智锡成了班里最让老师头疼的捣蛋鬼。爸爸妈妈很不理解，孩子小时候的行为问题没这么严重啊，他们也努力帮孩子解决这些问题，谁料情况却越来越糟糕。

每次遇到这样的事例，我都感到特别遗憾。即使孩子天生散漫，但只要采取相应的对策，情况也不会变得更严重。当孩子散漫、注意力不足的时候，父母没有理解孩子，不能用恰当的语言与其交流，更不知道该如何帮助孩子，只当他是问题儿童，结果就是导致智锡的情况越来越差。更可惜的是，智锡与生俱来的活泼积极的优点得不到发挥。"往者不可谏，来者犹可追"，智锡的情况还可以重新变好，现在就让我们来想想，应该怎样帮助他。

从智锡的发育过程来看，他只是小时候稍有散漫。如果当时就对孩子的散漫进行智慧的调节，改善他的注意力，那么会怎样呢？我们不难猜测，如果真是这样的话，现在的智锡会有很大不同。

孩子的问题行为存在多种原因，然而我们的教育环境强调的是顺从和专注的态度，很多散漫、调皮的孩子都会因为经常挨批评而变成智锡的样子。这不是说父母没有努力。他们也对孩子好言相劝，有时奖励，有时严厉批评，却都没有效果，孩子的态度反而变本加厉。如果情况真的如此艰难，或者想要预防这种情况的发生，那就应该了解怎样和注意力不足的孩子对话，解决孩子的问题。

我想强调的是，注意力不足的孩子最需要的是使用相应心理技巧的对话。培养孩子的注意力，就需要超越感情共鸣的层面。

孩子无法专注，大发脾气，父母却不停地对孩子说"你不专心，真让人难过"，结果会怎么样？也许孩子会感谢父母没有发火，然而注意力问题还是没有得到解决。如果孩子的情绪出现严重的问题，其实只要给予共情就很容易让孩子平静下来。但是，注意力需要更多认知方面的努力，需要经过充分的练习才能发展起来。如果孩子每天都因为注意力不足而感到疲惫和烦躁，父母却只关注他的情绪，那就错过了从源头上解决问题的机会。

现在，我们需要从更专业的角度理解注意力不足的孩子的心理，并且在此基础上学习相应的对话技巧。

02

绝对不能跟注意力不足的孩子说的话

•• 命名的强大力量

一个有趣的实验显示,给予犯罪行为不同的命名,人的认知和思考也会随之发生变化。保罗·锡伯杜和蕾拉·博洛迪斯基研究人们会对犯罪行为的隐喻表达做出哪些不同反应。他们将实验参与者分成两组,分别给予相同的简单提示。在提示语的前面,A组附加的是"犯罪是猛兽",B组附加了"犯罪是病毒"。实验要求参与者提供针对犯罪行为的对策方案。

实验结果形成了鲜明对比。A组的方案以搜查、检举和处罚罪犯为主,B组则提出了寻找犯罪的根本原因,不被病毒感染的方案。A组的回答主要是"关押罪犯",而B组的答案则以"预防犯罪"居多。语言形象造成的心理影响导致思维方向出现不同,这个事实令人吃惊。

我们再来深入思考,如果最后的提示让人想到特定形象的"猛兽"和"病毒",那么实验结果会有什么不同?变换语句的顺序，两组的对策方案几乎没有什么不同。也就是说，在提示语附加部分出现的"猛兽"和"病毒"的隐喻表达对人们理解后面的内容产生了决定性的影响。

如果将这个发现应用于我们的日常对话，那么父母的唠叨则具有某种程度的导向性。

对孩子的行为感到气愤，开始唠叨。
"你快点儿结束游戏，做作业！"
唠叨之后，心情更糟糕，继而发脾气。
"你怎么这么不听话！你到底为什么要这样！"
担心孩子一辈子都会这样，内心焦虑，郁闷至极。
"你想怎么样？将来怎么办！还不立刻关掉！"
最后大发雷霆，以威胁和惩罚孩子收场。
"从明天开始，一周都不许玩游戏！手机也没收！"

直到这时，父母才注意到孩子感到胆怯和沮丧，快要哭出来了，于是感到心痛，觉得好像说得太过了，还有点儿内疚。如果跟孩子道歉的话，却又担心孩子无视父母的权威，所以没能说出口。

接下来用鼓励的话语收尾。
"你以后不要再这样了，记住了没有？"

这是大部分父母和有着不良行为的孩子之间的对话模式。遗憾的是，这种单方面的对话到最后才出现的正面话语，根本影响不到孩子的心理。前面说过的否定话语已经将孩子的心理导向了"对自己的否定认识"。

·· 负面标签摧毁注意力

假设我们将锡伯杜和博洛迪斯基的研究结果应用于散漫和缺乏注意力的孩子。"你怎么这么散漫，一点儿也不专心，还没坐下几分钟又要起来？"如果只说这种话，孩子不但不会改变自己的不良行为，还会给自己贴上负面标签"我本来就是不专心的孩子、散漫的孩子"或者"学习不好的孩子、不做作业的孩子"。

负面标签会引发严重的副作用。本来是有时专心，有时不专心，一旦被贴上这种负面标签，孩子就会将自己认定为负面形象：散漫的孩子、注意力不足的孩子。负面的自我认识形成之后，孩子会按照贴在自己身上的标签去行动。因此，大人的否定表达对孩子有意识或无意识的行为都会产生巨大影响。

尽情责骂之后因为心痛而赞美"不过你也有很多优点"，这样的做法毫无意义。注意力不足和散漫的孩子绝对不是故意这样做，他们自己也想专注，然而没有经过充分练习，还没有形成习惯。因此，采用先责骂后赞美的对话方式无法解决问题，是绝不可取的教育方法。

我们期待孩子树立起健康的自我概念："我是专注的孩子，只要下定决心就能坚持到底。"能这样评价自己的孩子拥有高度的自尊心，只要得到些许帮助就能提升很多能力。什么样的对话是必需的呢？出人意料的是，这种对话并不难。只要孩子的注意力保持三分钟、五分钟，父母就可以找到孩子身上的优点。

"哇，你好专心啊！你努力的样子真的好帅。而且遇到困难时，自己会思考为什么。你学会了认真思考。如果有什么好的想法，也告诉妈妈。虽然很难，可是你没有放弃，坚持做完了。真了不起。我可以给你拍张照片吗？爸爸肯定也想看到你努力的样子。"

听着这样的话语，孩子会逐渐朝着正面形象转变，成长为更专注的孩子。有的孩子已经形成了正面自我，能够理直气壮地评价自己："我本来就是开始了就能坚持到底的人，我做事很专注。"我们一定要记住这样的事实，只有在专注力方面帮助孩子树立正面形象，孩子的行为才能发生变化。

03 促进注意力的七种心理对话法

•• 开头效果对话法，让孩子乐观看待自己

每个孩子的一天，开始得都不轻松。洗脸、换衣服、刷牙，还要遵守就餐礼仪、收拾玩具。上幼儿园后就有了识字和算术等认知作业。进入小学后学习压力随之而来，需要解答数学题、背英语单词、写日记和读后感，还要上各种辅导班。为了做好这一切，孩子必须具备应对各项任务的专注力。

父母应该做什么呢？通常是检查孩子有没有做完该做的事，没做好就发牢骚、发脾气，不耐烦了就训斥孩子。但这并不是父母应该发挥的作用。会引导的父母应该了解孩子在完成作业的过程中有没有遇到困难，安慰孩子，帮助孩子寻找克服困难的方案。简单来说，就是了解孩子的不容易，给予安慰和情绪上的共鸣。有了这个前提，我们再来了解可以提升注意力的对话方法。

一种有效的对话方法可以帮助孩子树立正面的自我形象，比如开头效果对话法。所谓"开头效果"，指的是最先输入的

信息要比后来了解到的信息更有影响力,也可以称之为"第一印象效果"。

美国心理学家所罗门·阿希也做过类似于给犯罪行为不同命名的实验。实验表明,即便是同样的信息,提供的顺序不同,接受的程度也会有所区别。

下面是有关"金大博"这个人的信息:

①聪明、勤奋、冲动、具有批判性、固执、嫉妒心强

②嫉妒心强、固执、具有批判性、冲动、勤奋、聪明

①和②内容完全相同,只是顺序发生了变化。A组按顺序听完第一项,首先接收到的是正面信息,而B组听到的是第二项,顺序相反,首先接收到的是负面信息。内容一模一样,按理说两组实验参与者应该对金大博产生相似的认识,然而实验结果并不是这样。A组认为金大博是正面人物,而B组认为他是负面人物。

面对散漫和专注力较低的孩子,如果父母经常采用负面评价的话语发牢骚,那么产生的影响是巨大的。这样的表达方式不仅强化了父母对孩子的负面认识,而且会让孩子将自己置身于这种可怕的负面认识中。此时父母再来责怪孩子没有自信,没有自尊心,那就是搬起石头砸自己的脚了。

如果孩子"冲动、散漫、不专心、做事有始无终、马马虎虎、不认真、活泼、乐观、爱交朋友、亲切、进取、有创

意",那么我们应该按照什么顺序说出来呢?

1."你为什么这么冲动,这么散漫?做什么事都马马虎虎、有始无终,也不专心。不过你活泼、乐观、亲切,爱交朋友,有时还很有创意。"

2."你很活泼,很乐观,这点很好。亲切,爱交朋友,有时还很有创意。只是偶尔散漫、冲动、不专心,做事马虎、有始无终。"

同样的内容换个顺序说出来,父母对孩子的感觉会有什么不同?如果父母出于惋惜、焦虑而总是先用负面词语指责孩子,孩子根本听不进去后面的话。有的孩子会觉得前面那些否定的话是事实,后面的话就像出于同情而说的谎话。孩子会认为自己不可救药,很难继续努力。如果父母先说积极的方面,孩子会重新认识到自己的优点,对于后面提到的缺点也会产生改正的动力。

因此,父母一定要记住说话的顺序。父母给予孩子的正面词语数量达到一定程度后,孩子会在某个瞬间自行做出正面举动。只有让孩子相信自己,鼓起勇气,发挥自己的意志力,才能集中注意力去完成困难的任务。

•• 赞美鼓励对话法，迅速延长专注时间

没有哪个孩子天生无法集中注意力。我要强调的是，孩子只是在专注时间上存在差异，重要的是帮助孩子在当前基础上逐渐延长专注的时间。最有效的方法就是在孩子专注的那个瞬间给予赞美和鼓励。我们也可以赞美孩子完成任务的内容，然而相比之下，更有效的还是赞美和鼓励孩子表现出来的哪怕很短暂的专注态度。

面对不喜欢读书的孩子，如果说这本书很有趣，我们读完吧。这样说没有作用，而是要在孩子短暂专注于读书的瞬间加以表扬。

"你专心看书的样子真的好帅。"

"可以给你拍照吗？妈妈想收藏起来，还想发给爸爸看。"

这样一说，孩子会更加自信，更努力地专心读书。希望大家都能体验到这么美好的场景。

•• "停止—思考—选择"对话法，让孩子先停下来

发现孩子有不良行为时，最先要做的就是让孩子停下来。就像骑自行车，需要返回的时候先要停下来，再变换方向。

孩子收拾玩具却弄得一团糟,写作业时走来走去,这时就应该这样对孩子说:"等一下,停!"说完之后,父母要帮助孩子重新思考自己在做什么。孩子也很清楚应该先做完手头的事情,只是一时的散漫和冲动让他暂时忘记了,所以需要提醒孩子思考自己本来要做什么:"你在干什么?要做的事情做完了吗?"

如果口头说还停不下来,家长可以轻轻拥抱孩子,那么孩子就会停下来了。

现在,我们来看一看孩子选择什么样的行为才是可取的。这时,父母和孩子都不要忘记最初的约定。如果父母的共情态度不恰当,那就会纵容孩子忘记自己的承诺,随心所欲地改变约定的行为。父母应该帮助孩子再次选择"最初想做的事",而不是"现在想做的事"。"你想做别的事情对吧?这个可以理解。不过原来打算做的事,肯定可以先做完的,对吧?"像这样确定严格的界限,就是引导孩子做出明智选择的方法。

"停止—思考—选择"对话法的关键就是敦促孩子在冲动、散漫时停下来,思考自己正在做什么,心态发生了怎样的变化,然后重新回到自己要做的事情。这个过程会帮助孩子逐步提升自己调整散漫心态的能力。请家长务必记住下面的事项。

1. 先说"等一下，停！"引起孩子的注意。
2. 接下来说的话不要太长，2—3个词语就够了。
3. 平静而清晰的声音更有效。
4. 让孩子决定现在该做什么。
5. 让孩子用语言表达自己的决定。
6. 孩子重新开始时，赞美他的做法。

•• 调节呼吸对话法，帮助孩子恢复注意力

注意力不足的孩子随时都会改变主意。也许是因为觉得不如想象中好玩，也许是觉得会失败而改变主意，抑或是被听觉、视觉刺激分散了注意力。这时候，非常重要的一点就是呼吸。请想象成人的深呼吸。焦虑或慌张的瞬间深吸一口气，再呼出去，心情就会得到平复。孩子也是一样。

如果冲动和散漫导致孩子注意力分散，那么最简单有效地帮助孩子的方法就是呼吸。仅仅通过调节呼吸就能在很大程度上帮孩子恢复平静，或者在需要更加专注的时候帮助孩子发挥更强的专注力。只有身心合一才能发挥注意力。如果孩子不能集中注意力，那就帮助孩子通过呼吸恢复身体的平静，然后再从呼吸开始，帮助孩子恢复心情的平静。

我经常陪伴幼儿、小学生玩打靶游戏，有时也玩飞镖。

一张大纸上画出数字记分板，贴上墙壁，往计分板上扔黏土球或橡皮，通过击中的数字来计算分数。玩这种游戏时，孩子们的心情很复杂。既渴望成功又担心做不好，渴望赢得称赞又担心挨批评，这些情绪都会导致孩子注意力分散，最终结果反而更不如意。

这时候，孩子需要正确地呼吸。当学习遇到难题，心情像散落一地的拼图乱七八糟时，最简单的方法就是通过整理心情来提升注意力。

"来，等一下。你的心里总想着必须做好，反而更做不好，是不是？"

"你想得到比老师更高的分数，反而更打不中了，是不是？你怎么看？"

"有个方法可以让你专心，并且做得更好。老师来教教你，好吗？"

如果孩子说不用，那就等一会儿，等到孩子做得不顺利，遇到困难的时候再问。大多数孩子会要求学习可以专注、做得更好的方法。

现在，我给大家介绍帮助孩子恢复注意力的呼吸法。

"来，深呼吸。我数一、二、三，用鼻子吸气。再数一、二、三，慢慢吐气。现在，我们开始。一、二、三，吸气。一、二、三，吐气。很棒！慢慢地再试三次。"

很神奇，正确的呼吸法能够让孩子不在意周边环境，专注于自己要做的事情。实际生活当中，带领孩子深呼吸之后再引导他们实践，完成度会得到大幅度提升。我真的希望大家都有机会看到孩子们欣喜的表情。对那些容易兴奋、敏感于刺激、注意力较低的孩子来说，呼吸法是身体和心灵同时获得平静的急救药。最好经常带着孩子练习，就像做游戏那样。

•• 思维指导对话法，帮助孩子摆脱负面情绪

注意力不足的孩子情绪起伏更剧烈，父母当然有必要抚慰孩子的情绪。但是，仅仅聚焦于情绪，会让孩子觉得自己的情绪很合理，从而失去自我调节情绪的能力，甚至加重情绪。这种情况下更重要的是引导孩子如何思考、如何寻找更好的方法，才能得到自己想要的结果。这就是"思维指导对话法"。

玩记忆力桌游《咯吱先生》的时候，7 岁的泰贤总是出错，并且生气地大喊大叫，恨不得把牌扔掉。面对这样的孩子，大人应该先告诉他"等一下，停"，然后等一会儿。如果孩子平静了，那就可以开始和他对话。

咨询师：泰贤，找不到相同的牌是不是很着急？
泰贤点了点头。

咨询师：老师觉得只要你专心去做，一定会做得很好。现在你找不到相同的牌，是因为你不够专心。我来教你专心的方法好不好？

泰贤：什么方法？

咨询师：从现在开始，你打开一张牌就说出它的颜色。

泰贤：那老师您也能听到啊。

咨询师：啊，你发现了重要的问题。好，那就在心里说。看到黄色就说，"这个是黄色，下面是红色"，怎么样？能做到吗？

泰贤点了点头，看样子是明白了我的解释。游戏重新开始，情况发生了变化。孩子眼睛发光，记颜色很快，转眼就吃掉两张牌。他的脸上也泛起微笑。像这样通过对话简单教会孩子该想什么，能够帮助他瞬间摆脱负面情绪，集中注意力。

危急时刻到了。泰贤掀开了炸弹牌。炸弹牌出现一张就要被拿走，从而丢掉 2 分。好不容易集中注意力，有了成就感，突然感觉自己要输了，孩子的情绪又开始混乱，注意力也分散了。

这时需要通过对话引导孩子聚焦于自己的目标，而不是让他沉溺于一时的难过情绪中。想得到自己想要的东西，就要以正确、成熟的方式去思考。这是我们应该教会孩子的思考方法。注意力分散之后，如果孩子聚焦于气愤和难过的情绪，那就会导致孩子被情绪淹没，甚至爆发。最迫切的是通过对话让泰贤迅速平静，转换注意力，重新专注于任务。

咨询师：还剩几张牌？

泰贤：六张。

咨询师：炸弹牌让你丢了2分。不过现在轮到你了，然后是谁？

泰贤：老师，然后是我。

咨询师：对，记性很好。如果两次都猜对，能得几分？

泰贤：4分。

咨询师：老师呢？

泰贤：2分。

咨询师：那么，现在你打算怎么办？继续生气吗？还是重新开始专心记牌？

这样的思维指导对话不仅能让孩子不被情绪所淹没，也能让孩子知道此刻应该专心做什么。对很难自行调整情绪、注意力也不足的孩子来说，改变胜负结果，为孩子提供"差点儿输了，可是又赢了"的逆转机会也是必不可少的。这时需要注意的是别让孩子察觉。

•• "温牢"对话法，温暖内心，牢固界限

美国心理学家杰克·布雷姆提出过"越禁止越想做"的心理反抗理论。根据布雷姆的说法，当人们感到自由受到威胁时，心理上的反抗倾向就会增强。一旦选择的自由遭到限制，就会产生比以前更强烈的想要维持自由的欲望。这被称为"逆反心理"，越是不让做的事，越想做。

同为美国心理学家的莎伦·布雷姆以布雷姆的理论为基础做过有趣的实验，在两面高度不同的墙上分别放一件玩具，一件放在触手可及的位置，另一件放在需要踮脚或跳起来才能碰到的位置。孩子们的反应会如何？

孩子们对触手可及的玩具不感兴趣，却对放在高处的玩具表现出好奇心，争着抢着要拿到。尽管没有明确指出哪个玩具可以玩哪个不可以，不过显而易见，低处的玩具代表着被允许，高处的玩具代表着被禁止，那么孩子们对放在高处的玩具产生逆反心理，也就理所当然了。

孩子从很小的时候就有了这样的逆反心理。从最早对自我有意识的 3 岁左右起，孩子就开始对某些事情说"不要"，到了所谓"可恶的 4 岁"时，孩子经常会挑战父母的权威。为了获取自由，孩子一有机会就通过反抗来表达自己的意愿，所以说人生充满斗争也不为过。

养育"可恶的4岁"阶段的孩子，父母需要明确"可以"和"不可以"，也就是明确允许和禁止的界限。大部分孩子都不愿坐在汽车安全座椅上，忍受那种憋闷感，或者哭闹或者喊叫。这种时候我们怎么办呢？

因为心疼孩子而放弃使用安全座椅，给他们系上成人安全带？如果不喜欢甚至拒绝系安全带，那就只能让孩子坐在父母腿上吗？不论孩子怎样哭闹，该做的事都要坚持去做。对于孩子的痛苦情绪，父母也有必要给予温暖的安抚。

"是啊，很难受吧，可是必须这样做。妈妈会抱着你，直到你心情平静下来。等你坐上儿童座椅，我们就出发。"像这样温柔地安抚孩子的情绪，并且确定牢固的界限，孩子才会更安全。

注意力训练也是如此。孩子会抗拒，会反驳。明明是让他连起两个点，他会随意画一条线，或者乱涂乱画。明明是让他寻找隐藏的图案，他却随便画个圆圈，坚持说自己找到了。即便是游戏，只要在固定规则内完成认知任务，孩子就会产生逆反心理。

尤其是上小学之后，孩子的反抗倾向会更严重。这不是孩子的错，而是大脑的问题。令人遗憾的是，我们的大脑并不总是追求正确的东西，尤其不愿意选择新的方式。理由很简单，因为按照原来的方式去做会更加舒适。因此，脑科学家用"高速公路"来比喻这种现象。像往常那样习惯性地做，相关脑细胞之间有条"高速公路"，只要输入特定信号就会自动处理。而努力适应以前从未尝试过的新方式，就像在没有路的丛林里艰难地蹚出羊肠小道。

因此，我们不能因为孩子的散漫及改善上的困难而放弃。尽管需要时间，然而参与注意力的脑细胞也会像从小路开始逐渐拓宽成高速公路一般，发展到迅速集中注意力的水平。进入青少年阶段之前，孩子的大脑也在持续变化。但是，不常被激活的脑细胞的功能可能会逐渐减弱，不再使用的脑细胞甚至会消失。

也就是说，如果不能在幼儿和小学阶段充分进行集中注意力的训练，等到青少年阶段再纠正就太难了。进入青少年阶段之前，哪怕孩子感到陌生，甚至抗拒和叛逆，也要在给予温暖的安慰和鼓励的同时，帮助孩子，让他不要放弃，继续前进。

"要做没做过的事情，一定很辛苦吧？是的，的确很辛苦。可是呢，你本来就是个很专注的孩子，只是因为以前从来没做过，所以有点儿抗拒。你完全可以做到。不用太辛苦，也不用太努力，只要一点一点地坚持去做，不知不觉就会熟练，做得很好。就像学自行车、学游泳，也是如此。相信自己，以你自己的速度，慢慢地一步步走就行了。"

面对孩子的抵抗,最要不得的就是强迫。如果让孩子害怕,也许他会在表面上顺从,但内心的抗拒会更强烈。这不但有损亲子关系,也很难取得注意力训练的效果。

实际上,就连培养注意力的简单游戏,也有很多父母发牢骚:"孩子不喜欢,不想玩儿。"这不能说明我们的孩子不正常。孩子不喜欢,抗拒这个游戏也没有关系。不喜欢这个游戏,还有很多其他游戏。从孩子愿意接受的游戏开始,总有一天他会顺利完成自己曾经抗拒过的游戏。

•• 预防对话法,防止孩子提前放弃

假设我们玩迷宫游戏。沿着迷宫走,堵住了就要往回走。走着走着又堵住了,还要再次回头。游戏当中会多次经历这样的失误,而且走迷宫的时候不能踩线。虽说是玩游戏,但对孩子来说的确要消耗很多精神能量。

如果孩子的注意力不足,那么遇到障碍就会放弃,甚至只要预感到自己会失败,就会直接想到放弃。听说"不能越线",孩子也会嚷嚷着不玩了,干脆放弃。

如果孩子表现出这样的行为,大人就很难让孩子冷静下来,重新开始。最好是预防这种行为。对孩子来说,做复杂的游戏或解决难题都很难一次成功,孩子往往要经历多次失

误和失败。对大人来说，这个过程是理所当然的，孩子却不明白，我们应该用类似下面的话语提醒孩子这一点。

"玩抓石子游戏，想成功赢得一颗石子需要失败几次？"

"成功赢得五颗石子，要失败几次呢？"

"九九乘法表需要反复记多少遍才会背？"

这就是预防性提问。在此基础上，我们还需要再做些补充。为了让孩子在某项活动中获得成功，需要提前告诉孩子练习的次数。比如背诵九九乘法表，需要具体告诉孩子每天练习一次，连续几天这样做就能背下来。家长可以这样和孩子说："有个背诵九九乘法表的好办法。每天练习一次，练到三十次就能背下来了。不过呢，能够坚持到最后的孩子可不多，大部分孩子都会表现出不耐烦，抱怨说不想练习。你想怎么做？"

孩子正在学习遇到问题时应该如何思考和行动。如果提前预测到会失败，但坚信自己不会放弃，一定能够坚持到最后，那么即使注意力不足的孩子也可以完成任务。

思考方式会转化为孩子的价值观和信念，也会决定孩子面对问题时的情绪。当然，并不是所有孩子都讨厌背九九乘法表，有的孩子会认为这是有趣的游戏，有的则认为这是艰难的任务，被迫完成，因此感到焦虑。我们要记住，这种"喜欢"和"不喜欢"的概念可以通过和父母的对话来改变。

父母要引导孩子将失误和失败看作理所当然的过程，告诉孩子会经历几次失败，这对于孩子持续保持注意力有很大帮助。

"我不会放弃的，我会坚持到底。"不妨让孩子大声说出这种积极的想法，因为他们更容易记住自己亲口说出的话。通过反复说话的过程，让想法逐渐变成孩子内心的声音，最后达到自行调节注意力的程度。这就是"大声说出想法"的技巧。通过"语言"大声表达"想法"，能够促进认知功能和记忆力的发展。

采取这种方法完成学习任务之前，家长可以先让孩子大声说"我不会放弃的，我会坚持到底"，以此提高孩子的自我调节能力。孩子在日常生活或学习当中，或者和朋友玩耍的时候，在他们做出冲动行为之前，引导他们用语言说出自己期待看到的行为。这种做法看似简单，却能够有效地促进孩子注意力的发展。

Tips 培养注意力的对话十大准则

父母想要改善孩子的散漫情况,却又总是因为小事给孩子贴上"散漫"标签,这反而更易强化这个特点。我们可以利用下面的十大准则,帮助孩子认识到自己是"专注的孩子,只要下定决心就能坚持到底"。

1. 赞美孩子的优点。
2. 赞美孩子努力的样子。
3. 告诉孩子有更好的方法,教给孩子具体的方法。
4. 尊重孩子的意见,寻找新方法。
5. 对于孩子的痛苦心情,给予共鸣。
6. 只要孩子稍微专注,就及时给予赞美。
7. 一定要先说正面的话。
8. 孩子散漫的时候,引导孩子"停下来,思考,选择"。
9. 在孩子负面情绪爆发,注意力分散的时候,引导他做深呼吸。
10. 针对失败做预防性对话,减轻抗拒感和抵触感。

第五章

克服对数字媒体的依赖，培养注意力

01
对数字媒体的过度依赖

•• 依赖数字媒体的孩子会怎样

很多父母和孩子是因为过度使用智能手机而来咨询的。他们遇到了比其他事情都严重的冲突,承受着强烈的精神痛苦。

"孩子饭也不想吃,只玩手机,连学校都不想去了。"

"除了游戏,对什么都不感兴趣。"

"每天都因为手机问题吵架,我和孩子都很痛苦。"

孩子玩手机的问题让父母陷入两难境地。考虑到未来社会,似乎应该允许孩子熟悉电子产品,然而考虑到每天引发矛盾的问题,好像又必须立刻从孩子手中夺走手机才行。另外,父母们也不得不承认,他们不能不给孩子智能手机。他们茫然地担心自己会妨碍孩子学习数码技术,同时又为自己工作太忙拿不出更多时间陪伴孩子而感到歉疚。最重要的是,孩子与同龄朋友交流的时候,手机已经成为必不可少的沟通工具。当然,和执意索要智能手机的孩子争吵太累,这也是很重要的原因。

出于这样或那样的缘由，还是把智能手机交到孩子手里，然而父母心里并不舒服。为什么孩子看到智能手机就无法自拔？一直这样下去能行吗？会不会引发别的问题呢？

事实上，面对那些画面绚丽，并且提供快乐和兴奋的游戏和视频，大人也很难抵抗诱惑。何况孩子的注意力尚不成熟，那就更难摆脱不断提供强烈感官刺激的智能手机了。重要的是，一旦被迅速转换的场景吸引住视线，那么对于没有强烈刺激的活动也就不再感兴趣了。智能手机的过度使用将孩子的大脑变成了"爆米花大脑"。

美国华盛顿大学教授大卫·利维介绍过"爆米花大脑"，它指的是人脑一旦习惯了智能手机等电子产品，那么负责思考和判断功能的额叶区域就会出现障碍，只对特殊而强烈的刺激，也就是像爆米花那样弹起的即兴刺激做出反应，而对于其他情绪或单调的现实则显得麻木无力。

我们需要注意的是，出现"爆米花大脑"现象的孩子，不仅注意力和记忆力减退，而且一旦没有强烈的刺激，很快就会失去兴趣，丧失自我调节情绪的能力。最终会因为过度沉迷于智能手机，稍微受到刺激就变得散漫，情绪不安，做出冲动的行为，自尊感也会降低。大量研究结果表明，使用智能手机等电子产品的时间越长，对数字媒体的依赖就越严重，专注力也越差。

英国伦敦大学脑认知发育研究所的蒂姆·史密斯教授研究组，以40名12月龄幼儿为对象，在两年零六个月内对智能手机等触屏产品使用时间和注意力的关联进行了研究。研究结果表明，使用智能产品时间越长，注意力分散的倾向就越严重。

德国乌尔姆大学精神病学教授、德国神经科学领域的领军人物曼弗雷德·斯皮策将智商下降、焦虑、注意力障碍、抑郁症等副作用定义为智能手机引发的严重传染病。

为了让哭泣的孩子停下来，让吵闹的孩子安静，很多父母都会让孩子玩手机，这样的行为并不可取。很多父母也都清楚，只是为了安抚孩子的情绪而不得不让孩子短暂沉迷于智能手机的刺激。遗憾的是，他们不知道怎样才能让孩子远离智能手机带来的不良影响。

韩国科学技术信息通信部和智能信息社会振兴院于2021年发表的《智能手机过度依赖实况调查报告书》显示，面对关于孩子依赖智能手机原因的提问，超过三分之一的父母回答说，不知道有关智能手机使用的教育方法，最终导致孩子对智能手机的过分依赖。

为了孩子的健康发育，要尽可能推迟孩子使用智能手机的时间，尤其是要教会孩子正确使用智能手机的方法，让孩子自己调节时间。现在让我们一起来看：过多接触智能手机等电子产品的孩子在日常生活和学习当中会遇到怎样的困难？原因是什么？为了让父母和孩子健康地生活于数字时代，我们需要怎样的认识和行动？

•▶ 数字媒体后遗症

因为新冠疫情，6岁的胜俊长时间无法正常上幼儿园，经常在家里看妈妈的智能手机。现在，胜俊已经太长时间被迫接触智能手机，智能手机也成了横亘在母子之间最大的障碍。在咨询室，我和胜俊妈妈聊了大约五分钟时，胜俊突然开门闯了进来。

胜俊：妈妈，我的手机！

妈妈：妈妈在和老师说话。胜俊，一会儿再说。

胜俊：不，现在就把手机给我！

妈妈：胜俊啊，妈妈在聊天呢。你先出去！

胜俊：啊，把手机给我，我要手机。你说过给我手机的。我要看。

妈妈：等咨询结束，离开的时候再给你。

胜俊：（跺着脚哭闹起来）啊！给我，给我，给我，把手机给我……

以前外出到公共场所，为了哄胜俊，妈妈会给他手机。

只要拿着手机，胜俊就会止住哭泣，不再吵闹，连续几小时专心致志地盯着屏幕，妈妈也可以放心地做自己的事情。然而几个月之后，胜俊的行为开始发生变化。

"孩子容易烦躁、发脾气，不会用语言表达，撒泼打滚。"

"激动起来就什么都听不进去，什么也都看不到了。"

"看手机的时候太投入了，看过的还要再看，没完没了。"

智能手机究竟是如何改变胜俊的行为习惯的呢？

小学三年级的友灿最近经常走神。读书课上，老师提议大家轮流朗读，每个人读一段后交流、写作。五分钟后，友灿就不再看书了，而是低着头在笔记本上写什么。

老师：友灿，你在干什么？现在是读书时间，不要记笔记，专心读。

友灿：我不是记笔记。

老师：那你在笔记本上写什么？

友灿：我在画画，画的是最近玩的游戏里的角色。怎么样，我画得好吧？

说这话的时候，友灿的眼睛闪闪发光。重新开始读书后，大约过了三分钟，孩子的眼神变得呆滞，不停打哈欠，身体动来动去，最后打起了盹。

老师：友灿！友灿！醒醒，睁开眼睛！

友灿：啊，对不起。

老师：累了吗？昨晚没睡好吗？

友灿：不是，昨晚看手机，12点左右睡的。过了12点会挨骂。

老师：那你累吗？还坐得住吗？

友灿：不，不是的，就是太无聊了。我听不进去，不知道老师讲的是什么内容。

重新回归阅读后，友灿依然东张西望，找不到自己该读的部分。

我们再来看看小学五年级的秀民。从前的秀民很听话，自己的事情会主动做好，跟妈妈也没有冲突。自从一年前有了智能手机，秀民经常和妈妈争吵。他只要有空就看手机视频，一旦开始看视频就忘了吃饭、去辅导班，而且批评也没用。渐渐地，他连作业也不做了，总是拖延，妈妈只能拉着他坐下，强迫他写作业。有时，妈妈甚至怀疑这个孩子真的是从前的秀民吗。一天，妈妈又和秀民面对面坐着写数学作业。

妈妈：现在开始做下一道题。

秀民：啊，我不会……

妈妈：用我刚才讲过的方法就行了。我都讲过了。

秀民：不，我不理解。

妈妈：哪里不理解？

秀民：（不耐烦）啊，都不理解！我想不起来了，你让我怎么办呢？

秀民不仅对数学感到吃力，对语文也是。

妈妈：读完了吗？那妈妈从你读过的部分中提问，你来回答。

秀民：等一下，我还没读完。

妈妈：还没读完？

秀民：内容没读懂。

妈妈：好，慢慢读，再读一遍……现在我来出题了。在这篇文章中，浩荣昨天去了什么地方？

秀民：什么？我没听清问题。去了什么地方？

听完数学题的讲解，读完语文课本，秀民都记不住自己听过和读过的内容，有时还会反问刚刚听的问题，理解速度当然也就慢了。对于自己喜欢的视频，秀民可以记住所有内容，可是一学习就心不在焉。他在小学低年级的时候经常读书，也很会讲故事，不知道他究竟发生了什么事。这个现象与年龄无关，只要是沉迷于智能手机的孩子，问题总是越来越严重。

•• 数字媒体怎样伤害孩子的大脑和注意力

从出生起到 24 个月，孩子的大脑会经历第一个发育阶段。婴儿出生时大脑只有 400 克左右，12 个月时会达到 1000 克左右，也就是刚出生时的两倍多。到 24 个月时，大脑内迅速形成连接感官和神经细胞的突触。在这个阶段，孩子大脑中最重要的是额叶发育。额叶的发育需要通过父母温暖的照顾和互动，以及看、听、摸、尝、闻刺激五感的多样经验和活动来完成。

到了 3—4 岁，孩子的大脑会迎来飞速变化期。在这个阶段，负责语言能力的大脑皮层的发育比任何年龄段都更活跃，从而使更高层次的思考、调节和控制能力成为可能。从这个阶段开始，孩子就像海绵似的吸收来自外部的大量刺激和信息，积极地接收、处理和储存。看过一两次就能准确记忆，这种惊人的能力宣告：大脑皮层爆炸式发育阶段到了。

我们更要关注的是，像著名的棉花糖实验中按捺住马上吃棉花糖欲望的 4 岁孩子，这个阶段的孩子开始形成强大的力量，能够为了更好的未来而调节和压抑当前欲望，能克制哭闹耍赖的冲动，生气了能调节情绪，语言表达能力也渐渐提升。随着额叶的逐步发育，大脑不再追求感官欲望和快乐，开始为了实现自己的目标而学会有意识、自发地专注于必需的外部刺激。

由于额叶的发育还不完善，摒弃有害刺激，选择对自己有帮助的刺激并投入其中的注意力发展还停留在起步阶段。问题是幼儿期的大脑会爆炸式发育，像海绵一样吸收外部刺激，这些刺激会深刻地留在孩子的脑海中。更何况数字媒体带来的让人眼花缭乱的强烈刺激，孩子的大脑很快就会被这些刺激控制，进而成为刺激的奴隶。

被刺激控制之后，孩子的大脑会发生什么，这个不难猜测。如果被过度的感官刺激操控，那么刚刚开始的情绪调节及抑制能力的发育就会中断，忠于冲动的欲望和情绪，孩子的大脑会更加渴望来自绚丽夺目的智能手机的感官刺激。这就是前面提到的"爆米花大脑"现象。由于调节及抑制功能受阻，专注力的基础也会从根本上发生动摇。

《智能手机过度依赖实况调查报告书》显示，所有年龄层的韩国人中，智能手机过度依赖危险群体每年都在扩大，特别是3—9岁的儿童占24.2%，相比前一年的23.3%有所上升。也就是说，每四名使用智能手机的孩子当中就有一名属于过度依赖危险群体。

我们可以猜测6岁的胜俊为什么会在行为上发生那么大的变化。在迅速吸收外部刺激的重要阶段，胜俊长期接触智能手机的强烈刺激，导致幼儿期的重要发育目标，也就是调节和控制欲望、情绪的能力出现问题。结果孩子只想要手机，克制不住对手机的渴望，更让其注意力的发展亮起了"警示灯"。

三年级的友灿在上小学之前，注意力还没有出现太大问题。上网课的需求使他长时间面对电子产品，因此注意力下降。虽然不是所有孩子都这样，但因为要读的文章变得更复杂、更长，原本已经下降的注意力就很难让孩子专注于学习内容，那么对学习逐渐失去兴趣也就是情理之中的事了。

五年级的秀民已经习惯了依靠电子产品的刺激而产生的非自发性注意，且时间长达一年以上。现在，秀民只对输入自身的强烈刺激产生兴趣。我们的大脑吸收视觉刺激或听觉刺激之后，在神经网络中将其转换成电子信号加以处理。这时，自发注意的刺激会到达处理、认识和理解刺激的额叶，非自发被夺走注意力的刺激却无法到达额叶。接下来，我们进一步了解自发注意的重要性。

02 自发注意是核心

• 我们的孩子具备自发注意吗

美国临床心理学家、注意力专家露西·乔·帕拉迪诺博士将孩子受电子产品刺激束缚的状态称作"非自发注意",并将其描述为"注意力被掠夺"。

如果孩子沉迷于智能手机,那就等于在为注意力被刺激的场面和声音掠夺做准备。据帕拉迪诺介绍,自发注意能够自发地倾听、判断并执行输入给自己的指示,然而非自发注意却是负责本能和欲望的边缘系统和感觉皮层,即所谓"动物大脑"反应的结果。

监测沉浸于智能手机刺激中的大脑会发现,综合各种感觉刺激、做出判断并行动的额叶及大脑皮质(相当于控制塔),整体上并未处于活跃状态。从表面看,孩子似乎非常专注,实际上大脑中高层次的功能大部分已经停止,精神实质上已经被智能手机夺走了。

相反,孩子有意识地投入注意力的能动状态被称为"自发注意"。发挥自发注意力的时候，会出现截然不同的情况。如果孩子自己坐在书桌前，做精神上的准备，大脑就会感知额叶发出的"应该做什么"信号，并根据神经信号，将注意力集中于学习资料上的文字。如果倾注了自发注意力，额叶就会感知到信号，并为实现目标而集中注意力处理信息。

孩子要坐在书桌前继续学习，需要有意识地努力集中注意力。友灿几乎没有接受过自发注意力训练，他长时间拿着智能手机玩游戏或看视频，逐渐被非自发注意操控。

很多研究报告都表明智能手机的使用会导致注意力分散。2017 年，美国得克萨斯大学奥斯汀分校的阿德里安·沃德教授和联合研究组以 795 名学生为对象，分三种情况进行了与智能手机相关的测试。智能手机放在桌子上、口袋或书包里、其他房间里，针对以上三种情况测试集中力和记忆力。

结果，智能手机放在桌子上的一组得了 30.5 分，放在口袋或书包里的一组得到了 31 分，放在其他房间里的一组得到了 34 分。对于实验结果，研究者解释原因说，即使不用智能手机，离得越近注意力也会越分散，即使有意识地不去想智能手机，"努力不想的想法"本身也会消耗有限的认知能力。当然，越是依赖智能手机的人，这种认知能力的降低越厉害。随着智能手机使用频率的提高，即使没有智能手机的直接刺激，我们的大脑也会将注意力集中于智能手机。

面对无聊而困难的刺激，注意力容易分散，不能等待，这种现象不只发生在孩子们身上。2012 年，美国马萨诸塞州大学的拉梅什·希塔拉曼教授对 2300 万个视频和 670 万名用户的数据进行分析，了解人们等待看视频的时间。庞大的数据显示，如果在 2 秒内无法播放视频，人们就会按下"后退"按钮，5 秒后，超过 20% 的人会转移注意力到别的网站。这不得不说是暴露于非自发注意之下的结果。

完成任务需要具备选择相应刺激或信息并集中注意力的能力。到了高年级，这种能力就显得更加重要。长时间接触智能手机，习惯了非自发注意的孩子们，这种能力已经被削弱，无法继续发展。为了我们宝贵的孩子能够自发地注意，作为父母我们有必要与智能手机等会引起孩子非自发注意的数字媒体保持健康的距离并科学地使用。这样才能成功培养孩子的自发注意力。

•• 控制自发注意和非自发注意的因素

下面是近来学校课堂上经常发生的情况，很好地说明了习惯于电子产品而引起非自发注意的孩子们会出现什么问题。正式开始上课前，老师会讲些有趣的笑话或故事，以缓解孩子们的浮躁情绪，然后说明课堂上要进行的活动和采用的方法，接着向孩子们提问。

老师：孩子们，老师说的话你们理解了吗？那么，我们现在就开始吧。

孩子们：老师！怎么开始？

老师：我不是说过了吗？从哪里开始不明白？

孩子们：不记得了，您再说一遍。

老师讲趣味故事的时候，孩子们拍手大笑，两眼放光，认真观察老师的表情和动作。一旦老师开始说明课堂活动，学习所需的记忆信息似乎没有传达到孩子们的大脑。他们不由自主地被幽默的玩笑吸引，却对真正重要的上课内容没有反应。简单说就是被非自发注意牵引，没有发挥自发注意。

没有发挥自发注意力，当然就很难输入和维持必要的信息。电子产品的刺激本身就很强烈，而且具有诱惑力，不论是已经被非自发注意操纵的孩子，还是刚刚体验这种刺激的孩子，都很难抗拒，甚至大人也不例外。

那么，怎样才能帮助孩子们摆脱非自发注意，从而自发地投入学习内容，顺利解决问题呢？

控制自发注意和非自发注意的是注意的比重。注意的比重是指外部刺激如何强烈吸引当事人的注意，也就是吸引孩子注意的因素所占的比重。

我们先来考察影响孩子注意比重的因素。首先，刺激本身的固有特性会影响注意的比重，比如刺激的新鲜度、诱惑强度、是否容易接触等。其次，当前能够倾注的自发注意力达到什么程度也很重要。最后，根据孩子的气质特征，以及孩子所处的状况和条件，注意的比重也会有所不同。

这些因素当中，气质源于天性，属于不易改变的因素，外在情况和条件也是日常难以改变的因素。有了这个前提，我们就可以知道，智能手机等数字媒体对孩子的诱惑有多大，孩子以前做过多少注意力训练，这两项决定了孩子的自发注意程度。我们假设可以控制智能手机等的刺激，那么最后会看出，学习和活动内容所占的注意比重不同，自发注意程度也会有所不同。

我们来简单整理上述内容。

·孩子有哪些气质和行为特征？

·目前影响孩子注意力的身体、心理和精神状态如何？

·家人、朋友、学校等周边环境对孩子有什么影响？

·孩子对现在的学习内容是否感觉到新鲜和有趣，达到什么程度？

·学习难度对孩子的注意力有多大影响？

·以前做过多少自发注意的练习？

・现在是否有人帮助孩子培养自发注意力？

我们要从检查孩子的状态开始。我们应该了解孩子对电子产品刺激的易感程度，以及孩子具体接触过什么样的刺激。我们要考察精神脆弱的孩子是否过多沉迷于智能手机，进而通过控制孩子所处的数码环境，调节电子产品的刺激程度，训练孩子提高自发注意力。这时最重要的是唤起孩子的兴趣和动机，帮助他感受到学习的新鲜和趣味。

当然，父母不可能做所有这些事情，所以重要的是选择你能帮上忙的事情，先把重点放在这些事情上。第六章将介绍多种多样的培养注意力的游戏，作为孩子自发注意力训练的一部分，会非常有用。一旦孩子发现通过这种方式提高了注意力，他就会发展出更强大的自发注意力，这将与积极的学习动机相辅相成。当然，数字媒体的强烈诱惑不容忽视，我们应该帮助孩子学会自己调节数字媒体的使用，发挥注意力。

03 让孩子有智慧地使用智能手机

•• 痴迷智能手机的孩子们

前面提到使用智能手机的 3—9 岁儿童当中，每四名就有一名属于过度依赖危险群体。包括智能手机在内，电视、电脑、平板电脑等数字媒体的使用程度究竟如何，我们先来看一看。

2020 年，韩国言论振兴财团对 2161 名 3—9 岁儿童的数字媒体（电视、电脑、智能手机、平板电脑）使用情况进行了调查。结果显示，儿童每天平均使用数字媒体的时间为电视 2 小时 10 分、智能手机 1 小时 21 分、平板电脑 48 分钟、电脑 26 分钟，合计最少 4 小时 45 分。从年龄段来看，3—4 岁为 4 小时 8 分，5—6 岁为 4 小时 24 分，7—9 岁为 5 小时 36 分。年龄越大，沉迷于数字媒体的时间越长。

这项调查以幼儿和小学低年级学生为对象，因此使用电视的时间比较多，然而随着年级的升高，孩子们开始拥有个人智能手机，智能手机掌控儿童生活的现象越来越明显。调查对象中有 82.8% 的儿童在使用智能手机，小学高年级的智能手机拥有率为 87.7%。

通过孩子从几岁开始使用智能手机,可以预见他们成长过程中暴露出的各种问题。抱着智能手机熬夜玩游戏、看视频和浏览社交媒体,和朋友互通信息,导致无法正常睡觉,这样早晨当然就会起床困难,甚至抗拒上学。如果达到这种程度,孩子的情况就比较严重了,不只是注意力的问题。

根据韩国言论振兴财团的调查,7—9 岁儿童中有 53.1% 在 5 岁后开始使用智能手机,5—6 岁儿童中有 29.2% 在 5 岁后开始使用智能手机,而 3—4 岁儿童中有 47.4% 在 2 岁前就开始使用智能手机。年龄层越低,开始使用数字媒体的时间越早。在餐厅里,很少能看到孩子们的餐桌上没有智能手机,这就是最好的证明。

我们不能以"大家都这样"为借口将孩子彻底交给数字媒体,这就像任由孩子在马路上玩球而置之不理。当然不是不让孩子使用数字媒体,而是要帮助孩子学会合理安排时间,区分场所,有智慧而开心地使用数字媒体。孩子还不能自觉调节想做的事和必须做的事、想要立刻去做却不能做的事,所以绝对不能放任孩子的身体和心灵被智能手机全占了。

世界卫生组织强调,未满 2 岁的孩子不能暴露于智能手机等电子产品的屏幕前,2—4 岁的孩子每天使用电子产品不超过 1 小时,建议 1—4 岁的孩子每天运动时间在 3 小时以上。

对于给孩子提供智能手机的危害性，很多专家都不约而同地提出警告，然而对整天都要照顾孩子，跟孩子斗智斗勇的父母来说，却又不得不用智能手机让孩子安静下来。这既是为了缓解孩子上小学后因学习而积累的压力，也是为了利用智能手机中对教育有用的内容辅助孩子学习。当然，父母为了休息一会儿，也会允许孩子使用智能手机。

但是，这里有我们不能忽视的地方。事实上，小学高年级以上的青少年出现的大部分问题都与智能手机的使用有关。《智能手机过度依赖实况调查报告书》显示，35.8%的青少年属于智能手机过度依赖危险群体。"不好好学习，就盯着手机""玩手机一夜不睡觉，早晨起不来，现在连学也不上了""在聊天APP和年龄差距很大的异性交朋友，好像还出去见面了""在社交媒体上传暴露的照片，给朋友发送内容露骨的消息，我真担心这样下去会被人举报"等，父母有着操不完的心。

每当听到这样的故事，我都为父母在第一次给孩子智能手机之前没能做好充分准备而遗憾。允许使用智能手机之前，家长应该先和孩子商量，设定合理的使用规则。如果孩子违反规则，那就重新讨论规则，若规则存在问题，就调节规则，使孩子能够严格遵守。智能手机具有强大的诱惑力，即使有这样的过程，孩子也可能无法彻底遵守约定的规则，所以培养孩子对智能手机的调节能力更为重要。

•• 买智能手机之前，先和孩子沟通

进入小学低年级，孩子就会纠缠父母买智能手机。这时候不能轻易答应，不能含含糊糊地说可以买。买智能手机之前一定要和孩子沟通，最好是签一份智能手机使用协议。只有这样，家长才能和孩子好好商量，制定智能手机使用规则。通过这个程序，孩子对智能手机才会有正确判断，发挥出不被智能手机诱惑的自我调节力和持续的专注力。

如果孩子还没有手机，我们可以按照下面的顺序从必需的对话开始。

1. 表扬孩子以前没有智能手机，坚持得好。

很多孩子都有智能手机，自己的孩子一直没有，所以要表扬孩子坚持下来的定力。从这里开始培养孩子的调节能力。

"一直没有要手机，你坚持得很好，很棒。"

"你的'忍住不要'的能力太强了。"

"真想要的时候，你是怎样调节心态的？"

2. 问孩子希望智能手机有什么功能，和孩子商量。

孩子要学会根据自己需要的功能选择合适机型的智慧。孩子当然想要最新款，哪怕只是为了炫耀。当然，这只是情

绪上的期待，孩子也会有自己的真实想法。父母询问孩子想要什么功能，这点已经足以让孩子思考智能手机的用途，"你肯定想要最新款，可是太贵了，没有必要"，引导孩子在现实而合理的范围之内做决定。

"如果你有手机，你想使用它的什么功能？"

"你最需要的功能是什么？"

"最新款当然最棒，可是太贵了。只要需要的功能都具备，就可以了吧？"

3. 问孩子想用智能手机安装哪些APP和游戏，和孩子商量。

一定要和孩子说清楚，当孩子想要安装没有经过允许的APP或游戏时，必须和父母商量。

"如果你有了手机，想安装什么APP和游戏？"

"有的APP和游戏，爸爸妈妈可能不允许你安装。这时候你应该怎么办？"

"你想安装的时候，也会跟妈妈商量吗？"

4. 让孩子说出智能手机的优点和缺点，然后也说出父母的意见。

"使用智能手机会有很多帮助，不过缺点也很多。你觉得会发生什么问题？"

"想玩游戏或者想看视频，不能专心做作业。"

"还没有出现这些问题之前，我们可以事先约定，这点很重要。"

5. 限制智能手机的使用时长和时段也是必要的。

如果父母单方面决定智能手机的使用时间，孩子就很难遵守约定。孩子们经常和朋友做比较，还会拿使用手机时间最长的朋友举例，跟父母讨价还价，诉说自己的委屈："我的朋友一天玩五小时游戏，我是玩得最少的。"所以，父母应询问孩子认为最合适的使用时长和时段。如果孩子提出过分的要求，或者对父母的提议不满意，可以这样和孩子交流：

"是啊，有的父母会同意孩子这样做。这就像放任你在车道旁边打球，爸爸妈妈不能看着不管啊。我们要在对你有帮助的范围内制定规则，这点很重要。"

6. 从开始就告诉孩子，睡觉和写作业的时候智能手机要交给父母。

这种时候绝对不能把手机放在孩子身边。在固定的时间里使用，用完之后交给父母，要温柔而坚定地告诉孩子这个规则。抵抗智能手机的诱惑，不是仅凭孩子的意志和努力就能做到的。

"除了固定时间之外，睡觉和写作业的时候，都要把智能手机交给妈妈保管，记住了吗？"

控制使用智能手机的能力非常重要。小学二、三年级的孩子会偷偷从父母房间里拿出智能手机，蒙着被子打游戏或者看视频到天亮，这样的孩子不在少数。给孩子买智能手机之前，父母先要了解应该和孩子做好怎样的心理准备，做出什么约定，怎样和孩子交流。孩子要以和父母的对话为基础，加上自己的判断，事先做好约定，培养自己遵守约定的意志。像这样事先交流再做决定，孩子遵守约定的概率会非常高。如果等到问题发生之后再去解决，那就需要投入更多的努力和时间，所以最好的办法是事先预防。

•• 如果孩子已经表现出使用智能手机的副作用

如果孩子已经开始使用智能手机，并且出现问题，那么就要正式和孩子讨论了。当孩子违反规则的时候，父母会很担心，很生气。这时父母可能会存在很大的误解。父母说出规则之后，孩子回答"是"，并不意味着约定真正成立。孩子只是因为想拥有智能手机而随口答应，其实根本就没想过要遵守规则。

如果因为孩子违反使用智能手机使用规则而难过，那么我们可以想想教孩子做数学题的时候。家长已经教了孩子某个数学公式，可是孩子不能马上理解，答对所有问题。应该从简单的题目开始练习，然后逐渐提高难度。要想做对所有应用题，需要花费很长时间。即使有固定答案的数学题，也需要这个过程。何况在智能手机的无穷世界里，孩子要做到有智慧就更难了。面对给予强烈刺激的游戏、视频，以及众多应用软件和社交网站的诱惑而不迷失自我，成为有智慧的智能手机使用者，父母需要陪伴孩子共同走过这个过程。不要因为一次问题就感叹对智能手机没有正确的判断力和调节能力，应该知道，孩子正在通过一次次的错误逐渐修正。如果孩子因为智能手机而出现问题，下面这样的对话就显得很重要。

1.找出智能手机使用规则中孩子严格遵守的一项，给予具体的表扬。

不要赶在孩子没有遵守约定的时候，而是要在严格遵守的时候先行提出，这一点非常重要。这时可以问问孩子为什么自己调节得那么好，通过对话培养孩子对智能手机的调节能力。

"你遵守了和妈妈的约定，真棒！你是怎么做到的呢？"

2. 如果孩子没有遵守规则，可以问一下为什么。

绝对不是因为孩子的意志力不足。和朋友有约，或者作业太难，或者想要缓解压力，理由太多太多了。了解理由，给予共情之后，就可以进入下一阶段的对话了。

"遵守规则的确不容易，你能跟妈妈说说理由吗？"

3. 询问孩子怎样做才能防止以后再次违反规则。

这样问过之后，孩子才会自己思考对策。

"要想以后不再发生这样的事，我们应该怎样做呢？"

4. 对于孩子没有遵守的规则，可以重新商量。

规则并非一成不变，互相妥协，调整为容易遵守的规则非常重要。所以要询问孩子想要怎样改变规则，在允许的范围内重新商量。

"关于这项规则，你有想改变的部分吗？"

5. 梳理、记录新规则或重新商议之后的规则，写在智能手机使用协议书上。

爸爸妈妈和孩子共同签名之后，贴在冰箱上面。孩子每次经过冰箱时都会看到协议书，遵守规则的概率就会提高。

"重新制定规则做成协议书吧，这样我们都能更好地遵守。"

•• 制作智能手机使用协议书

父母和孩子非常容易因为智能手机等电子产品的过度使用发生冲突。下面我们针对智能手机的使用约定制作具体的协议书。简单的口头约定效果不大，相比之下，讨论具体的事项，制作智能手机使用协议书会让孩子具有更清晰的规则概念，大大提高孩子遵守规则的可能性。这是让孩子有智慧地使用电子产品，发挥专注力，做好该做的事，成长为真正有智慧的孩子的第一步。

孩子每天的日程安排不同，智能手机的使用时间也不同。每天几点钟使用手机，最好在前一天晚上或当天早晨事先定好计划。每周日傍晚，根据下周的日程安排，事先记录在协议书上，这也是可行的做法。父母可以单独准备笔记本，作为智能手机使用记录本，记下经过同意，孩子使用智能手机的时间，像做计划书一样使用。

如果还想培养孩子的自律性，可以事先规定一周的总使用时长。至于每天什么时间使用、使用多久，让孩子自己做决定。从长远来看，这种方法更有助于培养孩子对数字媒体的调节能力，值得推荐。

制作智能手机使用协议书的时候，经常会发生意外。如果这周的总使用时长超时，下周就要相应减少。有的孩子会理解成使用时长可以协调，总想先用完下周、下下周的时间。这样一来，已经制作完成的协议书又要在一周之后重新调整。因此，最初的三四周里，每周都要抽时间和孩子一起讨论，将规则调整得更加合理、更加具体、更加容易遵守。这个过程必不可少。

还有重要的一点，那就是细致规定惩罚和奖励的措施。最不可取的是以增加游戏时间作为奖励，这样会导致孩子对数字媒体更加痴迷。如果孩子遵守和父母的约定，可以奖励孩子想要的零食或其他物品，或者举行庆祝派对，或者陪孩子去游乐场痛痛快快地玩。

如果本周的使用时长没有用完，还有剩余，最好不要直接取消，否则孩子会感到委屈。较为合理的是将剩余时间转到下一周。这不仅让孩子体会到储存时间的乐趣，也让孩子拥有现在使用或不使用的选择自由，从而进一步提高孩子的调节能力。另外不妨加上一条，剩余时间可以换成孩子期待的其他家庭活动或体验活动。

智能手机使用记录			
日期	使用时段	每天使用时长/分	累计使用时长/分
（周一）			
（周二）			
（周三）			
（周四）			
（周五）			
（周六）			
（周日）			

大家可以参考上面这张智能手机使用协议书，制作电视、电脑、平板电脑等电子产品的使用协议书。做好之后可以复印几份，每人保管一份，再拿一份贴在容易看见的地方。这样的做法能帮助孩子理解为什么需要约定和协议。制定出父母和孩子都同意的规则，然后努力遵守。这个过程会让孩子改掉许多坏习惯。当孩子意识到这点的时候，也会在自己的人际关系和学校生活中加以运用。

＿＿＿＿＿ 和爸爸妈妈的智能手机使用协议书

1. ＿＿＿＿＿＿每天使用智能手机共＿＿＿＿分，从＿＿＿＿时＿＿＿＿分开始，到＿＿＿＿时＿＿＿＿分结束。

2. 一周使用智能手机时长共计＿＿＿＿小时（分）。每天自由分配时长，但是遵守总时间限度的规定。

3. 在智能手机使用记录本上记录开始时间和结束时间，每天检查使用程度。

4. ＿＿＿＿和＿＿＿＿每天共同检查时间记录。

5. 游戏启动消耗的时间也包含在总时间之内。

6. 安装使用限制程序，防止超过总使用时长。

7. 时间有剩余时，可以留到下周使用。

8. 使用智能手机时要提前说，使用结束后交给父母。

9. 用智能手机发送短信或者使用社交网络的时候，不说当面难以出口的话（如脏话）。

10. 看到可疑的信息或广告，立刻告诉父母。

如果想修改本协议的内容，需要正式向对方提出申请，确定协议日期，重新讨论。

实行日期：_____年_____月_____日至_____年_____月_____日

使用规则重新评价日期：_____年_____月_____日傍晚_____时

妈妈：_____（签名）

爸爸：_____（签名）

女儿（儿子）：_____（签名）

04 战胜数字媒体的身体活动

•• 拯救"手机智人"

我们的孩子都是"手机智人"。"手机智人"是智能手机和智人的合成语,表示把手机当成身体的一部分,在日常生活中自由使用的"新新人类"。18个月的孩子自己打开手机寻找喜欢的视频,这种事情已经不再新鲜。然而孩子这么小就接触智能手机是非常危险的事。

父母并不是不知道这点。孩子很小的时候,只在不得已的情况下给孩子看上片刻,等孩子稍微长大,给孩子买智能手机时,也会安装各种防护程序,然而孩子很快就学会了破解。无论父母对智能手机的控制有多么高明,"手机智人"也能凌驾于父母之上。

如果说这是无法阻挡的时代潮流,那么父母应该帮助孩子将倾注给智能手机的注意力转移到对孩子更有利的方向,提高孩子对智能手机的调节能力,不让他的注意力被手机夺走。还有什么能比智能手机更吸引孩子的注意力?很难找到。无论多么有趣的玩具、图画书，都无法和智能手机相提并论。

幸好还有能让孩子停止玩手机的方法，将注意力转移到其他方向，那就是身体活动。孩子的天性中蕴含着对运动的渴望，从学翻身开始，孩子就一刻不停地爬行、走路、奔跑、触摸、抛物，动用全身去体验和探索世界。这就是孩子与生俱来的欲望。

进行身体活动不仅是为了身体健康，也有助于精神健康和专注力的发挥。世界卫生组织建议，1—4岁的孩子每天要进行多种身体活动至少三小时以上；5—17岁的孩子每天至少要进行一小时的身体活动，强度由中到高。

疫情期间，线上课程的增加使得孩子们的身体活动有所减少。这对提高专注力的脑发育有很大伤害，专家已经提出了警告。不过，我们对孩子的身体活动还有太深的误解，没有认识到身体活动对大脑和注意力产生的正面影响，反而误以为需要通过限制身体活动的方式来提高孩子的专注力。不光是被诊断为多动症的孩子，所有需要提高专注力的孩子都需要身体活动，这是提高和发展专注力、提高对数字媒体的自我调节能力最有效的方法。请大家不要忘记这个事实。

如何拯救痴迷于智能手机的孩子，最有力度的话就是"出去玩儿"。不过，通过出门活动来减少使用数字媒体的宝贵体验也存在时间限制。到了小学一年级，过分依赖智能手机的现象更为严重，孩子开始拒绝身体活动，甚至在家里抓着智能手机不放。

趁着这样的不幸尚未发生，我们应该想方设法让孩子快乐地进行活动。我们不妨来看看孩子的身体活动是怎样促进大脑发育的。

•• 身体活动提高注意力的脑科学原理

小学二年级的修浩是个安静而内向的孩子，这让他在融入同学群体时遇到了一些困难，经常独自躲在角落里。孩子们都喜欢上体育课，但他因为缺乏自信，很快就放弃了。上课也很难专注，看似在静静地听课，其实已经走神了，当老师提问时，又回答不上来。

小学五年级的志浩学习态度很不好，遇到不如意的事情容易发火，大喊大叫或哭泣，专注力很差，不能集中于课堂和活动。幸好他喜欢运动，在体育方面表现很积极，但他的积极性又仅限于此。体育课上不遵守规则，经常和同学发生矛盾，因为不专心而摔倒受伤。他常常不记得是怎样受伤的。

不难发现，这两个孩子的情绪和注意力方面都出现了问题。要想解决这个问题，最有效的方法是什么呢？相比稳定孩子的情绪、提高注意力，更应该做的是帮助他们主动发挥自己的潜力，这就需要身体活动。

孩子们通过各种方法活动自己的身体，调节动作的强度和速度，理解和熟悉高度、距离、方向和空间概念，也就是通过身体活动完成人生中最重要的学习。把应对身体活动中可能出现的各种状况的体验积累下来，有助于提高解决问题的能力和创意力。专心致志地投入身体活动的过程中，孩子的专注力也得到了提升。

为什么进行身体活动时孩子能够发挥最大限度的专注力？有人说，人类为了生存而狩猎或逃跑的瞬间，只有拥有最高专注力的人才能活下来。这句话我深有同感。身体的准确移动与存活率息息相关。为了精准而协调地活动身体，需要注意力高度集中。越是坐不住、不能专注的孩子，越应该通过身体活动恢复情绪上的活力，提高专注力。

大量研究结果显示，身体活动对大脑的发育非常重要。哈佛大学精神医学教授约翰·瑞迪认为，人在运动时，大脑会分泌多巴胺和血清素，因此运动可以当作治疗多动症的方法。很多医生和专家都建议注意力不足的孩子多做有规律的运动。

英国斯特灵大学研究所对5463名9岁儿童做过有趣的实验，实验对象是跑步或做了其他活动15分钟的孩子和15分钟都在休息的孩子，20分钟之后进行包括注意力和集力在内的认知能力测试，结果显示进行身体活动的孩子的注意力和集中力高于休息的孩子。

美国辛辛那提大学研究所分析了课间活动对孩子专注力的影响。结果显示课间活动有助于减少孩子的学习压力，提高孩子的学习成绩。这是因为孩子在课间休息时通过跑步、跳绳和打球等身体活动，使大脑功能稳定发挥，从而提高他们学习新知识、解决问题的能力和专注力。

"运动不仅会影响额叶的发育，还有助于释放血清素，这是大脑中一种能稳定情绪的化学物质。经过一定量的运动后，孩子学习的效率会更高。"

身体活动不仅能够促进孩子脑功能发育与身体健康，而且有助于改善情绪和心情，提高专注力和认知能力。包括修浩和志浩在内，对所有需要发展注意力的孩子来说，身体活动都很有帮助。

•• 培养孩子注意力的六种身体活动

根据辛辛那提大学的研究，任何涉及身体运动的游戏或活其他活动，如跑步、跳绳、打球或跆拳道，都有助于培养孩子的注意力。因此，建议让孩子每天参加至少一小时的体育锻炼或游戏活动。

我们将更为细致地介绍治疗意义上能够提高孩子注意力的身体活动。只要简单做些准备工作就可以让身体活动起来，并以有趣的方式提高孩子的专注力。

集中注意力的游戏一 挪水杯

闭上眼睛，拿起盛满水的杯子递给旁边的人，杯子里的水不能洒出。要想成功完成这个游戏，需要在敏锐地注意周围刺激的同时，细腻地专注于自己的身体动作。

游戏方法

1. 准备盛满水的杯子。

2. 睁着眼睛不说话，传递水杯。

3. 如果是两个人玩游戏，传递三四次；如果是多人玩，可以传递两圈左右。

4. 睁着眼睛做这个游戏没有难度后，开始尝试闭上眼睛传递水杯。闭上眼睛不说话，仅凭动作持续游戏，孩子需要更专注。

5. 游戏结束，互相交流闭着眼睛时听到了什么声音，有什么感觉。

游戏 Tips

1. 孩子在熟练玩这个游戏之前，先盛少量的水练习。

2. 告诉孩子必须高度集中于杯子里的水的移动。

3. 孩子闭着眼睛挪动水杯的时候，父母可以在旁边发出声音或者做动作。孩子可以敏感地感受到周围的刺激。

4. 如果用纸杯玩这个游戏，那么握杯子的力量也要调节，水越多，越需要细心掌控握力。

5. 尝试移动杯子协同游戏。在纸杯上绑 4 条绳子，每人抓住 2 条，两人一起将纸杯移动到目标地点。此外，还可以使用多个纸杯进行堆积杯子游戏。因为要互相合作，用绳子移动纸杯，所以要两人一起配合，一起调节力量。这个过程中注意力会得到提升。

集中注意力的游戏二　抓老鼠吱吱吱（心算游戏）

这个游戏首先确定要抓的老鼠数量，然后轮流喊"抓到了（+）""没抓到（-）"，达到目标数字就喊"成功"。这时，喊"抓到了"的人双手握拳，做出抓握的动作。喊"没抓到"的人用一只手拍额头。与此同时，专心计算抓到和没抓到的老鼠共有多少只。有人喊"抓到了"达到目标数字之后，要喊"成功"。没有喊"成功"的人输掉游戏。这个游戏要求在做身体动作的同时还要进行计算，整个过程注意力必须高度集中，还要努力发挥工作记忆力（参考第六章）。

游戏方法

1. 大家一起唱歌："抓老鼠，抓老鼠吱吱吱！抓老鼠，抓老鼠吱吱吱！抓几只？"领头者回答："（比如）5只！"游戏开始。这时，跟随节奏用双手做出抓老鼠的动作，一边唱歌。

2. 从这时开始，每个人按顺序做出固定动作，同时喊"抓到了"或"没抓到"。

3. 喊"抓到了"的时候，双手握拳；喊"没抓到"的时候，用一只手拍额头。

4. 喊一句"抓到了"在心里加一只；喊一句"没抓到"减掉一只。

5. 根据孩子的理解能力，可以约定只喊"抓到了"，调节游戏难度。

6. 抓到了（+1），抓到了（+1），没抓到（-1）……这样计算下来，达到目标数字5只的瞬间，喊"成功"。

7. 没有喊"成功"的人按照事先确定的规则，接受趣味惩罚。

8. 从头开始反复。

> **游戏 Tips**

1. 每次抓到老鼠或没抓到的时候，都要记清楚一共抓了几只，同时还要随着节奏做动作。

2. 在身体活动和记忆方面都要集中注意力。

3. 还不熟悉一位数计算或运动协同能力不足的孩子，可以使用 5 以下的简单数字，同时放慢游戏速度，引导孩子逐渐积累成功的体验。

集中注意力的游戏三　两人三足

两人三足就是两个人并排站在一起，绑住挨着的两只脚腕，然后肩并肩一起跑。两个人要合作喊口令，动作同步，调节速度和身体的移动。两人合为一体，一起协调的过程中不但培养了社会性，还获得了专注于自己和他人的体验。这个游戏对于孩子的身体发育、注意力和社会性的发展都有很大帮助。

> **游戏方法**

1. 两个人并排站好，两条腿贴在一起。

2. 用绳子绑住贴在一起的脚腕。

3. 两个人喊着口令，一起移动绑起来的腿。

4.喊"一"时先移动捆绑着的腿,喊"二"时移动另一条腿。

5.从出发到终点,一边喊着"一、二、一、二、一、二"一边前进。

6.在室内最好是"走",室外用"跑"。

7.一个人倒了,另一个人也会倒。两个人要互相鼓励,重新合作,一起站起来,到达终点。

8.到达终点之后交流"两人三足"的感受,总结做得好的地方和感到困难的地方。

9.同一组配合的伙伴互相赞美。

游戏 Tips

1.合作游戏玩得不好,孩子可能会抱怨搭档。这时需要重新站起来,练习原地走。做好充分准备之后重新开始,然后取得成功,这样的经历非常重要。

2."两人三足"练好了,可以换搭档再次尝试。比如妈妈、爸爸、兄弟姐妹互相更换搭档,计时决定胜负,也会非常有趣。

3.继续增加难度,尝试"三人四足""四人五足"。全家人互相捆着腿走路的游戏不像想象中那么容易。摔倒,挣扎,一起研究怎样走得更好。这个过程中,全家人一起欢笑着度过幸福的时光。

集中注意力的游戏四 拍手

如果感觉此处的拍手游戏有难度,可以参考第六章焦点注意力游戏中稍微简单的拍手游戏。

游戏方法 I 台阶拍手

1. 台阶拍手游戏需要投入更多的注意力。

2. 拍手数字像台阶一样逐渐提高,然后再逐渐下降。

3. "台阶拍手3层开始!"喊出之后,说"拍(1),拍拍(2),拍拍拍(3),拍拍(2),拍(1)"同时做动作。

4. 台阶拍手4层就是"拍(1),拍拍(2),拍拍拍(3),拍拍拍拍(4),拍拍拍(3),拍拍(2),拍(1)"。

5. 熟悉台阶拍手的节奏之后,一层一层提高就可以了。

6. 如果还想变换不同的玩法,可以一个人说4—5个数字(比如"2、1、4、5、3""4、6、2、7、5"),另一个人按照数字拍手。如果孩子做得好,就用更大的数字提高难度。这时两个人拍手的次数可能不同,若因此产生争议,可以录下说数字和拍手的过程加以确认。

游戏方法 II 4444拍手

1. 拳头拍拍,手指拍拍,掌心拍拍,手腕拍拍,每样反复4次的拍手,又叫作"健康拍手"。

2. 握拳的两只手轻轻碰触，拳头拍拍 4 次。

3. 两只手的手指相互碰触，手指拍拍 4 次。

4. 两只手用力展开，掌心碰触，掌心拍拍 4 次。

5. 两个手腕碰触，手腕拍拍 4 次。

6. "拳头拍拍开始！一、二、三、四！手指拍拍开始！一、二、三、四！掌心拍拍开始！一、二、三、四！手腕拍拍开始！一、二、三、四！"一起喊，开心地玩耍吧。

7. 熟练之后，可以在心里喊口号。

8. 如果孩子掌握不好，可以在每次拍手之间加入 4 次普通拍手，调整节奏。

游戏 Tips

1. 孩子可以用嘴巴说出"拍拍拍拍"，发出声音，培养听觉、运动的协同感觉。

2. 熟悉拍手游戏之后，可以一边数数一边拍手。

3. 从一个人拍手到两个人面对面一起拍手，家人围坐一圈用双手和旁边的人拍手，越来越有趣。

4. 通过拍手游戏提高注意力，培养合作精神。

集中注意力的游戏五　让身体说话

这是用身体表达提示语特定含义的游戏，参与者可以深度思考对象的特征和外貌，需要开动脑筋找到可以让搭档理解的传达方法。这游戏需要大量身体活动，会让心情会变得愉悦。因为是需要合作的游戏，还可以培养社会性，有助于注意力的发展。

游戏方法

1. 从简单游戏开始，猜出用身体表达的数字、动物等。

2. 稍微熟悉之后，可以提出各种问题，用身体说出答案。例如，"人不能缺少什么""爸爸最喜欢的东西是什么""植物必需的三要素是什么"，如此等等。

3. 改变角色，让孩子提问。

4. 还可以进行用身体表达成语的游戏。准备好写有成语的卡片，并说明其含义。

5. 例如"举一反三""掩耳盗铃""目不识丁""提心吊胆""亡羊补牢"，等等。从中选择一个，一人用身体做动作，一人猜。

6. 拍下游戏过程，重新看一遍，会更有意思。

> 游戏 Tips

1.提示语可以是动物、运动、食物、交通工具,最好从孩子喜欢的主题开始。

2.事先把提示语写在卡片上,轮到自己的时候选一张卡片表演。

3.制作卡片最好由孩子主导。如果不会写字,可以画出提示语。

4.选择成语的时候,和孩子一起搜索适合用身体表达的成语,帮助孩子准确地表达出来。

集中注意力的游戏六 打造特别的秘密握手

电影里的主人公见面时,常常会展示两人独有的非常特别的握手场面,真的很令人羡慕。我们也和孩子一起打造专属于两个人的秘密握手吧。在确定握手方式和实践的过程中,孩子和爸爸妈妈之间会形成更稳定的依恋关系,对专注力的提高也大有帮助。

> 游戏方法

1.告诉孩子"我们要打造专属于我们两个人的秘密握手"。

2.给每个手部动作取名字。比如"掌心握手→哒""手背握手→咣""拳头握手→噔""击掌→啪""拳头重叠成塔→嗒"等等。

3. 先练习"哒咣噔"这三种动作到熟练的程度。

4. 三种动作熟练之后，再加一种"啪"的动作，并进行练习。

5. 熟练之后，孩子会产生兴趣。这时，孩子会主动设计握手方式。

6. 上幼儿园（上学）之前的握手，从幼儿园（学校）回家时的握手，睡觉前的握手，无聊时的握手等，设计不同情况下的握手方式。

游戏 Tips

1. 如果孩子还小，那么握手方式可以从"噔哒"或"咣哒"两种开始，逐渐增加难度，会更有意思。

2. 即使孩子设计的握手方式有点儿草率，也要无条件支持。"这个想法太有趣了。妈妈都没想到，了不起"，这种赞美有助于孩子更加专注而深入地思考，寻找出更多有创意的方法。

3. 告诉孩子，用拳头握手时要注意调节力量。如果太用力，对方会疼。

4. 设计新的握手方式时，先用语言说出来，然后写下来，再去实践。按照重新修改的方式进行。这种活动能帮助孩子学会系统解决问题的方法，以及设计新事物的探索方法。

第六章

注意力：了解方法，谁都能培养出来

01
注意力和工作记忆力是梦幻搭档

•• 为什么"说反话"很难

我和 7 岁的彩英玩反说词语游戏。

咨询师：来，你把老师说的词语反过来说。如果我说"金彩英"，你就说"英，彩，金"。

彩英：好的。

咨询师：现在开始。玫瑰。

彩英：嗯……瑰，玫。

咨询师：天空。

彩英：空，天？

咨询师：对，很棒！这回我说三个字，彩虹桥。

彩英：嗯，彩虹桥吗？彩虹桥？嗯……桥，虹，彩？

面对两个字的词语，彩英很容易就能反过来说，增加到三个字以后，有时成功，有时也会失败。之后我说数字，要求彩英"直接跟着说"和"反过来说"。

  咨询师：老师说数字，你按顺序复述出来。3、9、1。
  彩英：3、9、1。
  咨询师：然后反过来说怎么样？
  彩英：嗯（摇了摇头，眼珠转了转，慢慢地说）1、3、9？

  按照顺序直接说出来没有问题，反过来说就不容易了。仅仅记住老师说的数字还不够，必须听清楚、记住、反过来排列，再记住，说出来。要想得到正确答案，大脑要经过多项操作。这时需要的就是"工作记忆力"。

  孩子藏在门后，记得妈妈在哪里，于是发出"喵呜"的声音，等待妈妈出现；记住同桌问的问题，做出合适的回答；记住老师说的话，写下来；看到写在黑板上的句子，记在笔记本上。日常生活中的很多反应都需要工作记忆力。这也正是彩英缺乏的。

  这次我和彩英玩装饰房间游戏。先在白纸上画出简单的房子平面图，再用卡片做成的家具进行装饰。我说出家具名称，彩英记下来，寻找相应的家具卡片，按照我的要求布置房间。要求找出 3—4 件家具的时候，彩英常常漏掉 1—2 件，或者找来别的卡片。我说"请放置××、××和××"，彩英总是做不到,不停地问:"在哪儿?是这个吗?是那个吗?"

彩英平时常说"啊,我忘了,不记得了",像口头禅。日常生活和学习的时候,她也经常会在记忆方面遇到困难。

•▸ 工作记忆力不足引发的问题

日常生活中:

· 找不到物品放置的地方。

· 说过"一会儿就去做",转头就忘。

· 经常忘记作业或其他该做的事情。

· 做一件事的时候容易被别的事分心。

· 刚刚说过的话记不清楚。

学习的时候:

· 忘记听到的词语或数字。

· 不擅长心算。

· 读书时总是忘记前面读过的内容。

· 容易忘记上课时学过的内容。

· 对利用原理解题感到困难。

如果经常出现这种现象，那么按照专家的说法就是工作记忆出了问题。工作记忆是指在处理某项工作时短期记忆、理解、操作自己所需信息的过程，也就是为了解决当前问题而积极地集中注意力时用到的记忆。

为了加深对工作记忆的理解，我们先来看看记忆的种类。根据记忆时间的不同，记忆分为短期记忆和长期记忆。短期记忆是指在很短的时间内暂时记住且很快忘掉的记忆，比如刚刚读过的书名、初次见面的朋友的名字、刚才听过的歌名、妈妈刚刚说的话或老师的指示。

与此相反，长期记忆是指储存起来的记忆，过了很长时间也不会忘记。比如小时候经历的事件、长期记忆的知识和印象深刻的人。需要解决某个问题或做出反应时，我们会从长期记忆中提取出必要的信息加以使用。

为了处理任务，工作记忆（短期记忆、理解、操作自己所需的信息）似乎也属于短期记忆。从这点来看，能否将它纳入短期记忆的范畴呢？两者的共同点是信息在我们的意识里维持的时间很短，但严格说来，还是可以发现不同点。

短期记忆是将刚刚看到或听到的信息原封不动地记住，不做任何加工。工作记忆则需要在处理任务的过程中，将长期记忆和短期记忆的碎片连接起来，进行操作和应用，也就是工作的过程。这种记忆可以暂时维持自己需要的选择性记忆信息来解决问题，因此也被称为"大脑中的便利贴"。总而言之，在工作记忆中，像长期记忆和短期记忆那样维持记忆的"时间"并不重要，重要的是对信息和记忆进行选择性处理的"过程"。

我们不妨通过"43×5=□"的心算过程来了解工作记忆的运转原理。如果听到这个问题并记下来，使用的就是短期记忆。但是，仅凭短期记忆还不能解决这个问题。为了完成心算任务，大脑内部需要综合进行好几项工作过程。

心算"43×5=□"时，大脑内部的过程：
①想到43×5，记住。
②计算3×5=15，5在个位，10进位到十位。
③在十位计算4×5=20，记住数字200。
④200加上刚才进位的10，记住210。
⑤最后用210加5，得出最终结果215。

这就是工作记忆用于心算的过程。首先要记住需要计算的算式，调取已经记住的九九乘法口诀。个位数相乘之后，分别记住留在个位的数字和需要进到十位的数字。九九乘法口诀需要从长期记忆中调取，计算结果进位之后分别记忆，则是通过短期记忆来完成的。我们要在大脑里形成多个阶段的操作过程，才能完成心算任务。应用、理解、判断、计划、执行记忆中的信息，这就是工作记忆。

我们来做个总结：需要解决某个问题的时候，我们要从长期记忆中调取解决问题所需的信息。当然，仅凭长期记忆中的信息还无法完全解决问题，那就需要短期记忆中的信息。解决问题的过程中，我们要在大脑中对需要的信息进行操作，寻找解决问题的方法，这就是工作记忆。所以说，彩英在"说反话"时遇到困难是因为工作记忆力不足。

•• 孩子的工作记忆力发展得好吗

我们来了解各个年龄段孩子的工作记忆力发展情况。老师对8岁的孩子下达指示。

"纸放在课桌上，彩铅放入左边的笔筒，坐在黄色椅子上。"

如果是工作记忆容量达到三个信息块的孩子，这时就可以把"纸放在课桌上""彩铅放入左边的笔筒""坐在黄色椅子上"三条信息全部装进工作记忆中。如果孩子的工作记忆容量只有1—2个信息块，那就只能记住部分信息，有的在中途就忘记了，有的记得不准确，很容易做出错误的举动。像这样丢失的记忆信息没能储存到长期记忆之中，无法重新找回，只能等待老师重新下达指示。这是工作记忆力不足的孩子经常遇到的典型问题。

成长阶段不同，工作记忆的容量当然有差异。这意味着发挥工作记忆力的工作台的尺寸有所不同。教育神经科学家戴维·A.苏泽博士在著作《大脑如何处理信息》中，对不同年龄段工作记忆的一般容量做了如下展示。

年龄段	工作记忆中同时维持的信息块数量
幼儿期（学龄前）	大约2个
学龄期（青少年期之前）	3个或以上
青少年期及以上	5个或以上

重要的是不能把工作记忆中的信息数量单纯看作一条信息、两条信息，而是应该理解为"信息块"。比如孩子在学习人体结构的时候，需要记住很多信息：嘴巴、食道、胃、肠、肝脏、胆、支气管、肺、血管、心脏、肾脏、膀胱等。这时可以按照消化器官、呼吸器官、排泄器官、循环器官等信息块来区分。容易记住的信息块转换成长期记忆，工作记忆再次处理新信息块的时候，也就有了更宽广的工作记忆空间。

苏泽博士认为，学龄前儿童在工作记忆中同时维持的信息块不会超过2个；从7岁到青少年之前的信息块可以达到3个或以上；到了认知能力极速发展的青少年期，工作记忆中可以同时维持5个或以上的信息块。

如果你对小学一年级的孩子说："你到餐桌旁，把餐桌上的蓝色笔记本放到卧室书架的第二格，好吗？"结果会怎么样呢？也许孩子会走到餐桌旁，拿着蓝色笔记本再次询问："放在哪里？"这个阶段的孩子大都没有经过工作记忆训练，很难把"餐桌、蓝色笔记本、书架、第二格"这四种信息转化为短期记忆。

低年级的数学课堂中，如果老师以过快的速度传达太多内容，那就会有孩子因为工作记忆容量的局限而跟不上课堂的节奏。不过，我们也不用太担心。只要熟悉这个过程，自然而然就能以信息块的形式理解信息。如果形成了整理的概念，那就会知道餐桌上的笔记本理应放在书架上，无须额外耗费精神能量也能记住。只要记住第二格就可以了，没有什么困难。

需要完成的任务是否有趣，是否存在心理问题等妨碍记忆的因素，这些都会导致孩子的工作记忆产生差异。最新的研究认为，工作记忆的容量也存在着局限。这种局限随着年龄的变化，随着工作记忆要处理的信息种类的不同而有所差异。

重要的是在工作记忆中，短期记忆信息仅在专注状态下才能得以维持。注意力稍微分散，这些信息就会从记忆中消失。为了让孩子持续专注于自己需要的信息，需要记忆的信息块不要超过4个，工作记忆过程不要超负荷。

孩子的工作记忆力发展得好吗？工作记忆是一种记忆应用过程，为了解决问题而适度使用长期记忆和短期记忆，这个过程中的每个阶段都需要多种注意力有机地发挥作用。只有特别加以注意选择的信息才能进入记忆。能够记住多少，最终取决于投入了多少注意力。储存记忆的时候，专注力也是必要条件。

•• 提高工作记忆力的五种长期记忆策略

工作记忆的容量存在局限，工作台无法容纳太多的信息。研究人员强调，经常把信息转移到长期记忆中，确保工作台的能量，工作记忆力才能有效发挥。知识和技术要存入长期记忆"仓库"，需要的时候再调出来使用，所以没必要执着于工作记忆的工作台。那么，怎么才能把短期记忆的信息转化成长期记忆呢？

我们在各种情况下记住了很多信息，要想不忘记，保存妥当，也是有秘诀的，比如转化为视觉形象、结合身体动作、联系相关事物等。下面我们就来了解有效保持长期记忆的五种策略。这里介绍的记忆方法使用了日常生活中熟悉的素材，无论是幼儿还是小学生都能轻松练习，而且这些方法还可以进一步拓展、细化，应用于中学生的学习。

长期记忆策略一 转化成有趣的图画或故事

我们把需要记忆的内容转化成图画或故事后更容易记住。比如有五个记忆任务，"裙子、勺子、桌子、盘子、水杯"，我们可以用这些内容编个故事，或者画一幅画。

"穿着漂亮裙子的勺子公主，在桌子上的盘子上面拿着水杯跳舞，水洒了。"

编成故事或者画成图画，重复看一两次就能记住。如果是需要记住顺序的任务，那就在准确调出记忆之后，立刻扩展为"说反话"的任务。神奇的是，不用刻意背诵，也能准确地倒着说出记忆内容。像"盘子上的舞蹈"一样，内容越不合常理，越容易记住。

长期记忆策略二 像演员那样用肢体动作表达

想象自己是一名演员，把需要记忆的内容和有趣的肢体动作生动地结合起来，这样记忆起来更容易。假设我们需要记住"猴子、吉他、保温瓶、牙膏、睡袋"这五种物品。

1. 把自己想象成"猴子"，模仿它的动作。

2. 做出抓着"吉他"演奏的动作。

3. 倒出"保温瓶"里甜美的可可奶,一边吹一边喝。

4. 喝了甜的东西,做出挤"牙膏"刷牙的动作。

5. 已经刷完牙,现在可以进入温暖的"睡袋"睡觉了。

肢体记忆力非常强大,一边说一边做动作,重复两三次就能记住了。

长期记忆策略三　联系声音记忆

联系声音进行记忆,主要使用三种方法。这些方法我们经常使用,只是很少和孩子一起尝试。

1. 和拟声词结合起来背诵:呼噜呼噜吃下去的乌冬面。

2. 取前面一个字背诵:彩虹颜色→赤橙黄绿青蓝紫,清朝十二位皇帝→天天顺、康雍乾、嘉道咸、同光宣。

3. 把声音和含义连起来背诵:1314→一生一世,987→对不起。

长期记忆策略四　结成对子记忆

观察需要记忆的内容，结成对子记忆要容易得多。假设我们需要记住"书、猫、镜子、冰箱、钱包、圆珠笔、苹果、小提琴"这八种物品，如果逐一记忆，也许要密密麻麻地写在纸上死记硬背。其实不用这么辛苦，我们让每两个词语结成一对，考虑相似种类或关联性，做起来便很容易。书—圆珠笔，猫—镜子，冰箱—苹果，钱包—小提琴，这样分组之后，每组看起来都有关联，比如"小提琴形状的钱包"。

长期记忆策略五　联系场所记忆

假设有需要记忆的物品，我们可以想象自己家里放置这些物品的地方来辅助记忆。这里列出十种想象旅行画面时需要的物品：绳子、相机、三明治、汽车、地图、电话、旅行书、急救箱、毯子、动物睡衣。通过和小学三年级学生智源的对话，我们会发现这个方法多么有用。智源以前使用过几次场所记忆法，语气充满了自信。

咨询师：智源，今天我们去哪里做背诵旅行呢？上周我们去了你的学校对吧？

智源：今天去我们家。

咨询师：好，去家里！我们开始背诵旅行吧？先想象一下你们家的样子，好吗？

智源：（上周尝试过一次，这次自己就会开始了）先在大门前按门铃，妈妈开门，我们进去，看见爸爸买的木秋千。我荡秋千，然后走进房门，把鞋收起来，进了客厅。啊！忘了鞋架。玄关门前有鞋架，旁边是爸爸的鞋拔子。现在该去卫生间洗手了，然后把书包放到我的房间。

咨询师：你的房间里有哪些重要的物品？

智源：桌子上有我上周买的贴纸，那是我非常想要的。

咨询师：好，现在我们把旅行需要的物品一件一件摆放在你们家，怎么样？

智源：我已经想好了。"绳子"放在秋千上面，如果秋千绳子旧了断了，就用那个绳子。走进玄关，把"急救箱"和爸爸的鞋拔子放在一起。（急救箱为什么放在那里？）嗯，因为都是很重要的工具。"电话"放在卫生间，爸爸每天拿着手机去卫生间。（就这样，智源把老师出示的物品放到了家里的各个地方）现在完成了！

咨询师：怎么样？还记得什么东西放在哪里了吗？

智源：当然，太简单了！

这种策略叫作"场所记忆法"或"场所法"，也就是将需要长期记忆的内容和自己非常熟悉的场所结合起来进行背诵。

这些场所本来已经牢牢地储存于长期记忆中，把它们和背诵内容像搭档似的贴在一起，以后只要提到这个场所，就能轻轻松松地想起背诵的内容。和孩子一起尝试之后，真的很有效果。这个策略通常需要三个阶段。

第一阶段：选择自己的家或学校等非常熟悉的场所。

第二阶段：为需要记忆的信息和场所里的各个位置建立连接。

第三阶段：需要调用信息的时候，只要想起那个场所，就能回忆起储存在场所里的信息。

应用场所记忆法，也可以和自己的身体建立连接。如果需要记住的是物品，可以想象把它穿在身上或戴在头上、贴在背上。学会一种方法，以后使用其他方法的能力也会得到发展。

•• 提高孩子工作记忆力的七种游戏

为了确保工作记忆的容量，我们学习了将信息储存于长期记忆中的有效策略。现在，我要介绍提高孩子工作记忆力的七种游戏。经常愉快地玩这几种游戏，你会发现孩子的工作记忆力越来越强。希望大家参考这里介绍的游戏，通过有趣的方式应用到日常生活和学习当中。

工作记忆游戏一　寻找相同图案（记忆力游戏）

这个游戏是从倒扣的卡片中寻找两张相同的图案，不受年龄限制，可以和各个年龄段的孩子一起玩。这种记忆游戏需要精神能量高度集中。如果孩子没有兴趣，那么在开始阶段很难发挥专注力。幸好市面上有很多关于动物、水果、汽车等不同主题的记忆游戏供选择。

从喜欢的主题开始，孩子的注意力会逐渐发展，即使面对不感兴趣的主题也会做得越来越专心。下面介绍用自己制作的卡片来玩记忆游戏的方法。

游戏方法

1. 把两张图画纸或 A4 纸分成 16 等份，做成 32 张卡片。

2. 在卡片上画出几何图形、动物、物品的图案，或者写数字和词语。每种卡片做两张。

3. 把做完的 32 张卡片混合起来，按照 4×4 队列倒扣在地上，只能看到背面。其他卡片堆在一起。

4. 按照顺序，每人翻两张牌。如果翻开的是同样图案的两张牌，就可以收走。如果不是，就倒扣在原来的位置。

5. 收走同样的卡片之后，空出的位置由卡片堆里的其他卡片填充。

6. 获得同样卡片最多的人为胜者。

翻开两张卡片的时候，首先翻开你不知道的那张，然后翻开记住的那张。这样找到同样卡片的概率才会更高。

游戏 Tips

1. 考虑到孩子的年龄和特点，调整卡片的总数量。

2. 不仅仅用图案，也可以用数字、词语等制作各种各样的卡片。

3. 开始孩子会随便翻开任意一张卡片。这时可以编一个能帮助孩子快速记住卡片位置的故事，给孩子提示。这样一来，孩子也会自己找到有效的记忆策略。

工作记忆游戏二　反着说词语

前面的人说出词语，下一个人将前面的人说过的话反过来说。为了反过来说，孩子首先要在脑海里过一遍听到的内容，再倒过来想、说出来，这就要用到工作记忆力。

考虑到孩子的工作记忆容量有限，幼儿使用两个字的词语，小学生可以使用三个字以上的词语。

游戏方法

1. 准备好犯规时使用的贴纸。

2. 大家一起拍出节奏，开始做游戏的人说出三个字组成的词语。

3. 下一个人把前面的人说过的词语反过来说，然后说出一个新的三字词语。

4. 下一个人以同样的方式进行。

5. 没能反过来说词语或者漏掉节拍的人，脸上贴贴纸。

游戏 Tips

1. 如果孩子还不能熟练使用工作记忆力，倒置词语，那就从熟悉的两字词语开始，逐渐增加字数。

2. 节拍有助兴的效果，同时也为孩子反过来说词语赢得更多的时间。

3. 容易受到外界刺激的影响而分散注意力的孩子，会被节拍妨碍。可以先不打节奏，以后再换成这种方式。

工作记忆游戏三　反着说歌词

反着说歌词也是提高工作记忆力的好游戏。这个游戏对孩子来说并不容易。但如果孩子感兴趣，即使是幼儿也可以玩。如果有困难的话，建议将此游戏推荐给小学以上年龄段的孩子玩。

游戏方法

1. 平时经常用词语或数字玩反着说的游戏。

2. 熟练之后，练习反着说歌词。

3. 开始可以选择有很多两字词语的歌曲，比如我们熟悉的《小兔子乖乖》，从"小兔子乖乖"开始。

4. 将一首歌反着说熟练之后，开始挑战下一首。

游戏 Tips

1. 选择孩子熟悉的歌曲，即储存在长期记忆里的信息。

2. 如果是孩子不熟悉的歌曲，那就要把尚未记住的歌词放到工作记忆的工作台，进行文字调换顺序的操作，这样才不会因为工作记忆力超负荷而导致信息处理不顺利。

3. 也可以尝试孩子喜欢的童谣。

工作记忆游戏四 数字心算

从 0 开始，不断相加。"加 5"，然后"加 2（或 3）"，逐渐提高难度。反过来从某个数字开始，按顺序减掉特定数字。

这样进行下去，计算能力会明显提高。这个游戏要和会做加减法的孩子一起玩，孩子要在脑海里想到数字，做加减法运算，所以需要发挥工作记忆力。

> 游戏方法

1. 从 0 到 10，或者到 50、100，根据孩子的水平选择数字范围。

2. 因为要发挥工作记忆力，所以不允许孩子掰手指或者在纸上写，只能通过心算。最好等孩子到了能够进行心算的阶段再进行。

3. 下面是一个例子，从 49 开始连续减 3。开始游戏前可以先做表格，看清楚数字的规律。

4. 游戏时用计时器进行计时，增加紧张感。还可以在每次游戏时记录日期等信息，观察孩子的能力变化。

49连续减3	日期： 年 月 日								
	49	48	47	46	45	44	43	42	41
49−3=46	40	39	38	37	36	35	34	33	32	31
46−3=43	30	29	28	27	26	25	24	23	22	21
43−3=40	20	19	18	17	16	15	14	13	12	11
40−3=37	10	9	8	7	6	5	4	3	2	1
……	错题个数：				所需时间：				

> 游戏 Tips

1. 参考上面的例子做表格。孩子玩游戏时把表格当作检查表使用，很容易就能知道哪里算错了，错到什么程度。

2. 根据孩子的水平决定数字范围，数学感觉和数学能力都会得到很大的提升。

工作记忆游戏五　听词语，按照规则说出来

先说出几个词语，让孩子认真听并记住，然后提出特定标准，孩子根据标准适当排列之后再说出来。孩子之间存在个体差异，最好从小学低年级开始这项游戏。

> 游戏方法

1. 慢慢地说出三个词语（比如出租车、卡车、自行车），让孩子根据特定标准适当排列之后说出来。

2. 如果孩子忘了词语，家长就再说一遍。

3. 如果孩子想要背下来，可以教给他背诵的方法（首字记忆法——出、卡、自）。

4. 如果孩子感觉困难，可以给他做示范。

5. 通过一个问题之后，再提下一个问题。

6. 像下面这种有趣的问题有很多。

从冷到热	从重到轻
冰块、果汁、热巧克力	直升机、椅子、气球
冰雹、沙漠、熔岩	大象、猪、兔子
冬天、秋天、夏天	西瓜、甜瓜、红树莓
冰水、泡菜、排骨汤	足球、网球、乒乓球
成功个数:	成功个数:

7. 孩子自己出题会更有意思，也有助于增强工作记忆的活力。

游戏 Tips

1. 如果孩子的工作记忆力不足，那么需要充分练习，按顺序记住父母说的词语，再说出来。

2. 习惯记词语之后，利用工作记忆力，按照规定的标准在脑海里重新排列，一步步有条理地完成。

3. 孩子有时也会因为词汇量不足而无法准确理解词语的意思。父母可以观察孩子的反应，耐心解释孩子不懂的词语。

工作记忆游戏六　跟我做，像这样

这是一种累积记忆的活动。这个游戏不是跟着说词语，而是模仿前面的人的举动。按顺序记住前面的人做出的滑稽动作，然后模仿，可以愉快地训练工作记忆力。

游戏方法

1. 说出口令"跟我做，像这样"，慢慢做出某些特定动作。

2. 下一个人认真观察并记住、模仿前面的人的动作，然后再做出新的动作。

3. 下一个人也以同样的方式进行。

4. 漏掉动作或做错动作的人要满足获胜者的心愿，接受能让大家一起笑的有趣惩罚。

游戏 Tips

1. 从简单动作开始，等孩子做熟练了，再尝试复杂动作。

2. 如果孩子观察得不够准确，可以放慢速度，帮助孩子取得成功。

3. 可以先告诉孩子，看过之后直接跟着做，也许会因为记不准确动作而出错。要让孩子认识到，为了准确记得动作，必须认真观察。

4. 跟随节奏做动作，还要专注于身体活动。这项游戏要同时发挥运动协调能力和工作记忆力才能完成。

工作记忆游戏七　寻找消失的玻璃球

记住原来玻璃球的颜色，找出消失的玻璃球是什么颜色。这个过程需要调动工作记忆力。如果孩子喜欢漂亮的玻璃球，会更积极地参与游戏，愉快地接受工作记忆力训练。

游戏方法

1. 把 5—10 颗漂亮的彩色玻璃球排成一排。

2. 给孩子 10 秒钟时间数清玻璃球的个数，同时记住各种颜色玻璃球的位置。

3. 时间到了，让孩子闭上眼睛，藏起其中一颗玻璃球。

4. 让孩子找出来哪个颜色的玻璃球消失了。

5. 也可以把彩色玻璃球的顺序弄混，让孩子按照刚才记住的顺序排列。

游戏 Tips

1. 有的孩子马马虎虎看完就说自己都记住了，实际上没有真正记住。这时可以换一下角色，让孩子出题，父母示范有效记忆的方法。

2. 父母告诉孩子："要想记住玻璃球的颜色顺序，就要大声说出来！"下次孩子也会模仿父母的样子去做。

3. 不一定非要玻璃球，没有彩色玻璃球，也可以使用彩纸或者铅笔、积木、玩偶等物品。

4.也可以通过多种记忆顺序和位置的活动，训练孩子的工作记忆力。比如找出原有排列中多了哪个、猜测彩色玻璃球的排列顺序，或者在每个有盖子的碗里放一颗玻璃球，然后记住顺序、盖上盖子，让孩子猜测每个碗里的玻璃球的颜色，等等。

02
孩子的注意力是怎样发展的

•• 简单而熟悉的任务 vs 困难而陌生的任务

注意力的发展是怎样形成的呢？孩子出生之后，通过视觉、听觉、触觉、嗅觉、味觉等感官获得大量信息。了解到这一点后，父母会为了促进孩子的感官发育而积极努力地提供多样的活动和体验，然而像这样通过感官获得的信息更多停留在感受层面，并不是有意识处理的信息。像外面传来某种声音时听到了声音，眼前出现某个物体时看到了该物体，看、听、摸、闻、尝只是"感觉"的过程。

下一个阶段就是"认知"。认知指的是认识和识别进入感官的信息（在我们的信息处理过程中，感觉和认知很难划清界限，因为这是一个连续的过程）。比如，听到某种声音是感觉，而认知就是听到声音之后判断是人的声音还是音乐声，并以此为基础分辨出事物的规律和原理。要想正确认知物体，需要通过感觉获得信息，也就是用耳朵听到声音，再将这个声音和熟悉的妈妈的声音联系起来，也就是和孩子熟知的信息关联。除此之外，还要有能力区分其他无关的信息。

父母应该逐渐帮助孩子在大脑发育的时候顺利完成复杂的认知过程，提供丰富的体验和故事，引导孩子认识丰富多样的感觉，并以这些信息为基础领悟事物的原理。在父母的努力之下，孩子通过感受和认知去积累经验，加以理解，一步步成长。

孩子在成长过程中，需要完成越来越复杂的认知任务。在听和说的基本能力之上，既要认识事物、数数，又要认识符号和文字，学会联系声音做阅读，在脑海里思考、理解和判断，找出正确答案。孩子要在无数的信息中识别出必须完成的特定任务，投入精神力量。

专注于自己喜欢的事，不用别人教也能做到，然而仅仅做到这点还不够。为了完成不感兴趣又有难度的任务，那就需要高度发展的专注力，忽略和阻断诱惑自己的信息，直到任务完成。我们来看看怎样才能获得这样的能力，又怎样来促进这种能力的发展。

有的任务很容易让孩子集中注意力，孩子也熟悉，然而有的任务对孩子来说不光陌生，还有难度。不同的任务需要投入不同程度的注意力。即使是简单熟悉的任务，也不是从一开始就那么轻松的。对孩子来说，任何事情的开始都不容易。任何任务都需要经过无数次的反复，逐渐熟悉，进而自动化，处理起来才会变得简单。注意力的范围越来越广，调节注意力的能力也在提高，可以保持更长时间。在这个过程中，随着注意力的发展，孩子的综合认知能力也得以形成。

•• 注意力会自己发展起来吗

我们来看美国心理学家帕特里夏·布鲁克斯和同事们进行的实验。给孩子出示两张目标卡片，一张卡片上画的是小狗，另一张画的是飞机。画着小狗和飞机的卡片有多张，给卡片分组，与目标卡片相同的为一组。小狗卡片分到小狗卡片组，飞机卡片分到飞机卡片组。然后改变分类方法，与目标卡片不同的为一组。即小狗卡片分到飞机卡片组，飞机卡片分到小狗卡片组。第二项任务也不是很困难，77%的3岁儿童和97%的4岁儿童能够正确完成。

如果加入颜色元素，情况就变得不同了。分别给参与者画有绿色袜子、黄色袜子、绿色杯子、黄色杯子的卡片各五张，像前面实验那样给出"相同"的任务和"不同"的任务，再加上"形状"和"颜色"的要素，加大任务的难度。

在"相同"任务中，如果目标卡片是"杯子"，那就收集画有杯子的卡片；如果目标卡片是"袜子"，那就收集画有袜子的卡片。在"不同"任务中，如果目标卡片是"杯子"，那就收集画有袜子的卡片；如果目标卡片是"袜子"，那就收集画有杯子的卡片。若交给孩子的任务是根据形状分类，则忽略目标卡片的颜色。比如，即使目标卡片是"绿色袜子"，在"相同"任务中也要收集所有的袜子卡片。在"不同"任务中也要收集所有的杯子卡片，和颜色无关。

有趣的是，3岁孩子做不到无视颜色，在"相同"任务中收集和目标卡片同样的颜色，或者在"不同"任务中收集与目标卡片不同的颜色。4岁孩子大部分都能完成"相同"任务和"不同"任务。由此可见，3岁孩子还做不到忽略妨碍任务的刺激，也就是还不具备忽略颜色的能力。

孩子3岁难以完成的任务，到了4岁却能轻松完成。从这个结果可以推测，注意力也会发生重要的变化。这时大家恐怕会产生疑惑：注意力是自然发展的吗？有没有必要刻意训练注意力？

事实上，在日常生活的各种体验中，孩子的注意力可以自然而然地得到提高。正如上述实验所示，有的孩子3岁已经具备了忽视颜色的能力，然而有的孩子4岁了还不具备足够的注意力去忽视颜色。这是因为孩子们的注意力水平不完全相同。即使不做实验，只要观察周围的孩子就很容易知道这个结果。

从幼儿阶段开始，孩子和孩子之间就有了明显的差异。

像拼图或走迷宫这类需要注意力的游戏，有的孩子可以专心致志，有的却做不到。随着年级的升高，尤其是到了高年级，专注力好的孩子和其他孩子在日常行为以及学习中的表现截然不同。

注意力并不会随着年龄的增长而自动提高。观察专注力强的中学生，通过他们的发育经历不难看出，大部分都有过提高注意力的多样体验、活动，甚至付出过认知方面的努力。

因此，我们要通过适合年龄的游戏，逐渐培养孩子的注意力。从小学阶段开始，注意力会决定孩子的学习成绩。整个成长过程当中，孩子们都希望有交朋友的快乐、被赋予做得更好的动机、赢得周围人们称赞和关注，然后在此基础上实现自我成就，这就更加需要强大的注意力。

下面我来介绍第二章提到的五种注意力的增强游戏。这些游戏以各种注意力为焦点，效果却不限于相应的注意力，而是和其他注意力有机联系，对于整体注意力的提高很有帮助。

五种注意力的发展并没有固定的顺序。尽管注意力的发展是个综合的过程，然而为了更有助于大家对注意力的理解和有效利用，我们将注意力的发展分为幼儿期、小学低年级和小学高年级等几个阶段来说明。不同的发展时期，对各种注意力的重视程度应该有所不同。

03
4—7 岁孩子的焦点注意力培养

•• 小学生活的初步准备，焦点注意力练习

在父母和老师交代孩子必须完成的任务时，孩子能够聚焦于相应的内容并投入注意力，这就是焦点注意力（第二章第二节）。如果这种能力发展不好，那么需要从抽屉里找出袜子的时候，也许拿出来的是去年冬天用的手套，应该解答数学题的时候，却在插图上乱写乱画，孩子的生活会遇到重重难关。即使为了准备小学阶段的学习，培养焦点注意力也非常重要。

现在，我们来看哪些游戏可以提高焦点注意力。多玩这些游戏，到了重要时刻孩子就会知道应该把焦点放在哪里，从而集中注意力。

需要注意的是，认真听指令并做出相应行为的活动都能提升孩子的注意力。

不会调节注意力的孩子常常难以听从指令，就连吃饭、刷牙、准备物品等都很难专心去做。玩焦点注意力游戏的时

候，很容易判断孩子的焦点注意力达到什么水平。该停止的时候停止，该集中的时候集中，该行动的时候行动，我们要培养这样的孩子。

改善日常生活的三种焦点注意力游戏

焦点注意力游戏一　拍了几次手

拍手时，为了配合对方的呼吸和节奏，必须集中注意力，这样可以提高敏感度。让我们和孩子一起拍手，愉快地玩耍。

游戏方法

1. 如果孩子年龄还小，那就父母拍手，让孩子数拍的次数。

2. 不要简单地"啪、啪、啪"拍手，而是要加入节奏，"啪啪、啪啪啪"，像唱歌一样念出来，更容易引发孩子的兴趣。

3. 如果孩子数不对，可以放慢速度，帮助孩子。

游戏 Tips

1. 父母和孩子数的次数可能不一样。出人意料的是，很多时候是孩子对了，父母错了。可以用手机拍下游戏过程，出现不一致时通过视频确认，这个过程也会非常愉快。

2. 通过变换拍手的节奏和次数，为拍手游戏增添更多创意与乐趣，更有效地提高孩子的注意力。

焦点注意力游戏二 呼吸和沉默

呼吸时停止散漫行为，让孩子重新集中注意力，这也是强有力的方法。通过数呼吸次数或保持短时间沉默等活动，孩子在专注于呼吸的时间里不仅提高了焦点注意力，更能提升调节身体和心灵的能力。

游戏方法

1. 吸气和呼气算一次，让孩子数一数一分钟内呼吸的次数。

2. 和孩子面对面，双手握在一起，孩子更容易专注。

3. 用定时器限定一分钟。

4. 孩子每吸气和呼气一次，"一、二、三、四……"大声数出来。

5. 一分钟后，记录各自的呼吸次数。

6. 如果可以在一分钟之内保持专注，就逐渐延长到两分钟、三分钟。

7. 每次进行游戏时，可以记录日期和呼吸次数，这样可以发现呼吸次数随着身体和心情状态的不同而发生变化，有助于孩子调节情绪和注意力。

> 游戏 Tips

1. 为了让孩子感受到静静地坐着呼吸也是一种游戏，需要强调这是"安静而特别的游戏"。

2. 即使孩子数错了也不要指责，可以和孩子一起数出声来。数字感觉不会因为指责而提升，而是需要在无数次的重复中发展。即使孩子出现错误，也不用担心。

3. 孩子过于兴奋或散漫的时候，可以定时玩一分钟沉默游戏。让孩子知道一分钟的时间是多长，通过沉默和呼吸慢慢平静，有助于提高注意力。

4. 最重要的是让孩子愉快地参与游戏。

焦点注意力游戏三　123 木头人

这是众所周知的游戏，需要将注意力聚焦于捉人者的声音，同时调节自己的身体动作，所以是最好的注意力训练游戏之一。和家人、朋友在户外玩会很有意思。

> 游戏方法

1. 选出一个人做捉人者，站在远离其他人的某个固定位置,并且背对其他人。

2.设定起点线,其他人站在线后,在捉人者喊出"123木头人,不许说话不许动"的过程中,可以向前移动,靠近捉人者。

3.口令停止,所有人都必须像木头一样定住不动,同时捉人者回头查看是否有人在晃动,晃动者被淘汰。然后捉人者再背对大家,继续喊口令,循环进行。

4.当第一个人到达捉人者背后并用手触碰到他时,捉人者可以开始捉人,所有人都要迅速回到起点线。被捉住即为失败,返回起点线为成功。

游戏 Tips

1.如果被捉到的有好几个人,可以不同时放开,只放开最后抓到的一两人。没有被放开的孩子可能会责怪不肯放开自己的人。

2.这时可以给孩子创造机会说出彼此的心意:"看来你是因为没有被朋友放开而难过了。""你没有放开所有人,是怕被捉到吧?下次会怎么做呢?"

积累学习力的四种焦点注意力游戏

焦点注意力游戏一　跟随数字卡片或文字卡片行动

为了准备小学阶段的学习而提高注意力的时候，重要的是将认知教育的内容自然而然地融入游戏。不要让孩子感觉是在学习，而是在开心地玩，这样孩子的语言和数字认知能力才会有所提高，同时注意力也能得到改善。

游戏方法

1. 在各种颜色的彩纸上写 0—10 之间的数字，字要写得很大，做成卡片。
2. 将彩纸贴在硬纸板或包装盒上，剪裁成结实的纸卡。
3. 将做好的纸卡放在地上。
4. 父母念出数字，孩子移动到相应的数字卡片旁。
5. 每次可以念出 2 个或 3 个以上数字，让孩子按顺序移动，比如 "3、4、6""7、2、9"。

游戏 Tips

1. 这个游戏可以培养孩子专注并且记住提示语，同时调节身体动作的能力。
2. 还可以尝试用 11—20 之间的数字做成卡片，或者使用

1+3=□、4+5=□、5-3=□、10+1=□等加减法做游戏，让孩子知道数学也是有趣的游戏。

3.妈妈和爸爸的名字、孩子的名字做成的卡片，或者词语卡都可以用于游戏。

焦点注意力游戏二 寻找隐藏的图画或者找不同

寻找隐藏的图画或者找不同，对于培养焦点注意力都很有效。寻找隐藏图画的时候需要记住自己要找的图画。面对复杂的图画时要专心致志地寻找，最重要的是防止被别的图画分散注意力。找不同则是要对两幅图画进行比较，寻找彼此之间的不同点。两种游戏都需要孩子专注于要找的对象，无视不必要的背景画面。

从这点来看，只要有草地就能玩的寻找四叶草游戏，也包含着寻找隐藏图画和找不同的元素，有助于提高焦点注意力。这些游戏能够促进孩子从身体的动态活动转换到做习题的静态活动，因此非常重要。书店里有很多这类图书，可以直接买来进行游戏。

游戏 Tips

1.孩子注意力的强度不同，寻找的顺利程度也会有很大的不同。本来要找 A，却常常先找到 B。这时家长要说"哇，找到 B 也不错呢，我们接着找 A 吧"，鼓励孩子继续找下去。

2. 根据孩子的发育程度，可以选择使用不同难度的寻找隐藏图画的书。

3. 可以找来不同难度的图画任务，选择适合孩子的，每天 5—10 分钟就足够。即使需要找到的图画有 10 个，也不一定要全部找到。今天找 5 个，明天可能找到 6 个。孩子找不到的时候，还可以调转画面的方向。

焦点注意力游戏三　凑数字 5

凑数字 5 的规则非常简单，不过整个游戏过程中孩子都必须专心，还要直观而敏锐地识别卡片上的数字。如果孩子还不会自己数数，可以先通过各种数字卡片玩凑数字 5 的游戏，进行充分练习。

游戏方法

1. 根据孩子的水平制作相应的数字卡片。

2. 把卡片一张一张放在地上，找出相加结果为 5 的两张或三张卡片者赢得卡片。

3. 比如，把卡片放到地上，呈现这些数字：

1	3	0
1	4	5
4	3	2

4.找出像2+3或1+4这样一对卡片,也可以像1+1+3这样三张。

5.如果孩子已经知道减法的概念,还可以制作6、7、8、9、10等数字卡片,找出相减结果为5的组合。

6.如果孩子还不熟悉"3个就是数字3"的概念,像下面这样数数的点卡更有效果。

7.如果孩子第一次接触数学,当然是后面那种卡片更有效果。逐一数出卡片上的点,寻找组合的过程很重要。大人可能觉得无聊,但孩子不会,因此不用担心。

游戏 Tips

1.数出1和3的数字卡片,数到4的时候说"再有一个就可以了",让孩子帮忙找到数字1。

2.面对点卡,父母先数"1个、2个、3个、4个、5个",

分组摆放给孩子看。孩子会通过点的形状熟悉数字感觉,渐渐地,不用数数,也能把点和数字联系起来。

3. 每天玩一两次,每次 10 分钟,孩子的数学感知能力会迅速提升,在这个过程中也可以衡量孩子学习的加减法达到什么程度。

焦点注意力游戏四　跟我一起写记号

跟我一起写记号的游戏需要的是迅速而准确地看清简单的视觉信息,并进行区分和排列的能力,对于提高视觉短期记忆力、注意力、视觉运动协调能力都大有帮助。同时,也可以提高精神运动的速度,最终培养学习能力。

游戏方法

1. 从简单的圆、三角形、四边形开始。

2. 父母画出某种图形,孩子也跟着画。

3. 每人画一个图形,按照"小、大""上、下""内、外"的顺序。

4. 根据孩子模仿画画的水平,可以拓展形状、尺寸、位置、方向、坐标等概念。

5. 培养孩子的上、中、下、左、右的概念。

6.孩子熟练之后，横向纵向四等分开始，然后八等分、十六等分在纸上画线做成表格，引导孩子数出格数，准确地照着画出来。

7.水平提高之后，可以要求孩子"在第2排、第3列画星星"，培养孩子的坐标意识。

游戏 Tips

1.跟我一起写记号的游戏可以培养孩子认知的灵活性、视觉注意力、视觉辨别力，以及视觉运动协调能力。熟悉之后，孩子的视觉信息处理速度、任务完成速度、精神运动的速度都会大大加快。

2.模仿画出某种形状，对于提高孩子的注意力很有帮助。仅仅通过纸和彩铅，也可以培养孩子的注意力。

3.如果孩子做得越来越好，也可以制作记号作业单。孩子亲自主导制作记号，还可以得到更好的效果。

04 小学一至三年级孩子的选择注意力培养

•• 帮助孩子专注于听讲的选择注意力练习

选择性注意是指面对多种刺激，有选择性地聚焦于当前最重要的信息。选择注意力需要的是过滤掉非必要刺激的抑制能力。周围环境会带给孩子太多的刺激和信息，孩子要选择自己需要的并且投入注意力。

如果孩子的选择注意力不足，对什么事都感兴趣，也就无法专注于真正重要的事情。

即使旁边有人打电话或大声说话，也要继续读正在读的书。上课时同桌画漫画或传纸条，听到其他同学说话、窗外汽车喇叭声或传来踢球的声音……能完全抑制这些妨碍性刺激，专心听讲，看板书内容，这就需要选择注意力发挥作用。

从孩子喜欢的事情开始，通过趣味游戏，逐渐让孩子能够投入没有兴趣的事情。值得庆幸的是，培养选择注意力的游戏也能提高其他的能力。每天一次，每次10分钟，坚持陪孩子玩下面的游戏，孩子的选择注意力会迅速提高。

•• 改善日常生活的两种选择注意力游戏

选择注意力游戏一 定时器游戏

面对自己喜欢的事情，孩子可以很长时间保持专心，其他情况下却不容易发挥注意力。我们要在孩子不感兴趣的活动或学习中帮孩子确定要达成的目标，并在一定时间内完成，这种体验会给孩子带来自信，促进选择注意力的发展。从画画、玩积木，到整理房间、解答习题、做作业，我们都可以使用定时器。

游戏方法

1. 选择孩子不太喜欢的活动，确定完成的目标时间。

2. 把目标时间定为一分钟，幼儿把时间延长到3—5分钟，小学生5—20分钟最为妥当。

3. 如果时间太短，可以和孩子商量延长。如果时间太长，可以和孩子商量缩短。

4. 先定时，再开始。

5. 事先和孩子讨论，如果在游戏中注意力分散，应该怎么办。

6. 不论孩子是专心思考还是遇到困难，都给予支持。

7. 如果孩子提前完成任务，那就表扬孩子的意志和努力。

> 游戏 Tips

1. 即使没有达到目标时间，也千万不要唠叨。

2. 问孩子剩下的时间打算怎么办，帮助孩子在短暂休息后坚持到目标时间。

3. 如果孩子需要休息两次以上，可以帮助孩子在下次活动中设定稍短的时间。

4. 让吃饭过快或过慢的孩子玩这个游戏，有助于培养孩子的好习惯。

选择注意力游戏二　指示语卡片游戏

卡片上指示具体的动作，抽到卡片的人按照指示语做动作。遵守游戏规则，按照指示语做动作，这一过程有助于提高选择注意力。孩子的日常生活大部分由完成指示构成，如果熟悉了这个游戏，那么孩子的行为和学习态度也会发生良性变化。通过按指示语做动作的游戏体验，孩子可以专注地看和听，做出判断，然后付诸行动。

游戏方法

1. 用 8 张 A4 纸,剪出多张卡片。

2. 每张卡片写一句指示语。

3. 根据孩子的完成能力,可以选择一种指示语或两三种复合指示语。

4. 如果对读、听、理解和行动的过程设定时间,孩子会更专注于游戏。

5. 根据孩子的完成程度,可以设定 3 秒、5 秒的时间进行游戏。

各种各样的指示语:

· 用右手抓住左耳,左手举过头顶。

· 用左手拍打右肩两次,然后抓住左耳。

· 拍手三次,双臂张开,上下摇晃五次。

· 把地上的三件玩具放回原位,然后回来。

· 从冰箱里拿出牛奶,倒半杯,拿过来。

游戏 Tips

1. 如果由孩子决定动作指示语,游戏会更有趣。孩子会说出一些滑稽或不可能的动作,但是做成卡片,完成动作,大家欢笑的时光也能积累良好的情绪体验。

2.如果想不出动作指示语,可以从孩子的相册里寻找,将回忆的动作做成指示语卡片也不错。

积累学习力的四种选择注意力游戏

选择注意力游戏一 用点连成五角星、七角星

我们可以慢慢教孩子画五角星。从连点游戏开始,孩子很容易就能学会。理解了画星星的原理,还能画出七角星、九角星、十一角星。游戏过程中,孩子会感觉星星很新奇,自然而然地投入注意力,而且会沿着自己未曾预测到的方向,按照数字连起点来,从而培养选择注意力。

游戏方法

1. 按照画五角星的顺序连接点,写数字。因为起点和终点是同一个,所以1和6两个数字都要写出来。

2. 只要按照数字顺序连起来,就能自然而然地形成五角星的形状。

3. 将所有的点都连接起来,星星图案就完成了,再在上面模仿着画5—10次。

4. 让孩子在纸上独立画星星。如果还不熟练,可以在星星图案上再模仿着画几次。

5.完成这个过程，孩子就能独自画星星了。

6.五角星画好了，可以逐渐提高难度，画七角星、九角星。看到自己完成的星星图案，孩子会产生很大的成就感。

游戏 Tips

1.孩子的注意力可以通过练习和训练得到发展，重要的是难易度适当。

2.孩子会因为操作能力不足而无法准确地把点连起来，大人要耐心地给予鼓励。

3.除了数字，还可以尝试用点连文字，比如使用孩子喜欢的句子等。

选择注意力游戏二　快速说出五个主题词

说出与主题相关的词语，这是从长期记忆中有选择性地调取信息的游戏。规定的时间内要集中注意力，只专注于符合主题的信息，抑制其他信息，有助于提高思维的流畅性。

游戏方法

1.一个人说出特定主题，而其他人要快速说出相关的五个单词。

2.如果说出的主题是水果，其他人可以说"苹果、梨、葡萄、草莓、香蕉"。

3.如果使用定时器限定用时，会更有意思。

4.动物、食物、汽车、树木、花朵、国家名称等单纯的主题更有效果。

5.可以做记分板，写上主题，记录胜负。

游戏 Tips

1.如果孩子熟悉了游戏，可以提示更复杂的主题，如弟弟喜欢的零食、妈妈衣服上的颜色、爸爸喜欢的电视节目、上学要准备的物品、戴眼镜的朋友、病毒种类、动物园里的动物、集市上出售的物品（食物）、便利店里的东西（或者便利店里没有的东西）等等。

2.游戏结束后，回想各个主题提到的词语并记录下来。这不但能提高注意力，还可以提高工作记忆力。

选择注意力游戏三　把文字变成数字来计算

把文字或字母变成数字，这是密码游戏中经常用到的方法。根据规则将文字变成数字，并且记住，孩子的注意力会在这个过程中受到强烈的刺激，对于注意力的发展很有帮助，还能提高思维的灵活性。

游戏方法

1. 将1—14的数字代入从A到N14个字母，变成密码，做成表格。

A B C D E F G

1 2 3 4 5 6 7

H I J K L M N

8 9 10 11 12 13 14

2. 先提出简单的问题，比如："C代表几？""G又是几呢？"

3. 熟悉之后，用算数方式提问：A+D=□，H+A=□，G+I=□，N+I=□。

4. 把文字变换成数字计算。

5. 制作答题纸，让孩子自己对着答题纸打分。

游戏 Tips

1. 加法熟练之后，可以算减法。

2. A+E+E=□，B+C+J+N=□，渐渐扩展到3个或4个数字的计算，或者加减法混合运算，孩子会感受到更多的认知乐趣。

3.反过来让孩子出题,父母解答,这样会让孩子产生更浓厚的兴趣。

4.如果由孩子出题,可以让孩子制作答题纸,为父母评分,扮演老师的角色。

选择注意力游戏四 象形图游戏

如果孩子认识生活中实际使用的各种符号,那么在日常生活和学习中就会发挥更有效的注意力。象形图属于图形文字,可以让人一眼看出其含义。男女卫生间、安全出口、交通标志牌、电脑符号,我们在实际生活中经常使用象形图。

象形图因为边框颜色浓烈而具有引人注目的效果。不过,多个象形图在一起的话,色彩浓烈的边框会妨碍孩子迅速而准确地识别边框里面的标志。这项活动不仅能提高孩子对图形的认知,还有助于训练孩子忽视混淆视野的妨碍性刺激,有选择性地专注于自己需要的信息。

游戏方法

1.从按照国家标准制作的交通安全标志中剪下部分,做成象形图卡片。

2.遮挡象形图的名称，让孩子猜，帮助孩子记住。

3.通过展示闪卡的形式，让孩子在1—2秒内猜出图形的名称。

注意牲畜	施工	左侧变窄	右侧变窄	注意行人
注意非机动车	隧道	路面不平	易滑	注意落石

4.如果孩子能快速认出上面的10种标志，那他们出门玩时就可以玩寻找相同标志牌的游戏。

游戏 Tips

1.垃圾分类标志、奥林匹克或运动相关的象形图等，我们可以发现周围各种各样的象形图。让孩子先看图，再猜含义，这样的游戏更有趣。

2.注意力较弱的孩子经常违反基本生活规则。如果事先了解图形，那就不会错过日常生活中容易忽略的记号和信号，而是更专心地去看，了解含义，从而在行动时发挥注意力。

05
小学一至三年级孩子的转换注意力培养

•• 培养应对灵活性的转换注意力练习

转换注意力是在专注于某项任务时，主动将注意力转移到另一项任务的能力。如果绿灯亮了，孩子还站在原地发呆，或者妈妈招呼时仍然沉浸于某件事，不看也不回答，这也许就是因为孩子的转换注意力较弱。如果转换注意力不足，那么应对状况的灵活性就会减弱。

这样的孩子在接受新知识、完成任务时也会遇到困难。学完竖式计算之后，再看横式计算，它们的原理一样，只是形状发生变化，还可以清楚地看到位数，按理说应该更容易，然而因为学到的东西不同，孩子就感到困难，不会灵活地转换为新的方式。

不仅如此，处理与家人或同龄人之间的社会关系时，转换注意力不足的孩子也会遇到困难。比如朋友之间意见不同时，通过"石头剪刀布"来做出决定，如果不是自己想玩的游戏，做不到迅速调整失落情绪，接受已经决定的游戏并愉快地玩耍。

培养转换注意力不仅会让孩子的思考和行为变得更灵活，也有助于形成理想的社会关系，促进人格的发展。

下面是帮助孩子提高转换注意力的七种游戏。经过训练之后，孩子在注意某种刺激或信息时，就会根据需要将注意力转移到其他刺激或信息，或者摆脱熟悉的刺激，对新的刺激做出敏锐反应并进行处理。

改善日常生活的三种转换注意力游戏

转换注意力游戏一　大米大麦游戏

专注于某项活动的时候，转换注意力较弱的孩子会表现出一种持续的惯性倾向。孩子需要练习打破惯性思维的力量，迅速转换注意力。大米大麦游戏让孩子在专注于听觉刺激的同时，根据变换的命令迅速用手部动作做出回应，非常适合训练转换注意力。防守时要认真听进攻者说话，瞬间抓住对方的手，这对提高听觉注意力和视觉运动协调能力很有帮助。

游戏方法

1. 两个人面对面坐着，通过"石头剪刀布"确定进攻者和防守者。

2. 防守者双手聚拢，形成手笼。

3. 进攻者说"大米"或"大麦"，同时把拳头放进防守者的手笼，再抽出来。

4. 进攻者说"大米"时要抓住，说"大麦"时不抓。

5. 当防守者抓住进攻者的拳头时，游戏结束。

6. 这个游戏的核心在于进攻者要弱化防守者的注意力。进攻者反复喊"大麦"，防守者就会放松警惕，这时进攻者趁机喊"大米"。

7. 进攻者和防守者互换角色，再玩一次。

游戏 Tips

1. 不要一直喊"大麦"。

2. 不要故意用力挥拳，以免打疼对方。

3. 如果孩子的运动协调能力不足，可以适当调节出拳的速度。

4. 用"白天"和"黑夜"、"金子"和"银子"代替"大米"和"大麦"，也会很有趣。

5. 如果孩子转换注意力较弱，或者年龄太小，可以事先提醒孩子，游戏口号会随时发生变化，不要放松，一定要持续专注。

转换注意力游戏二 失败的石头剪刀布

这个游戏颠覆了既有的石头剪刀布游戏规则，让孩子更加乐于挑战。不是赢的一方为胜者，而是输的一方获胜，所以需要迅速转换注意力。转换注意力不足的孩子通常会把注意力集中于对方伸出的手形，导致自己的动作反应减慢甚至停顿，因此需要有意识地打破这种状态。这也有利于培养思维的灵活性。

游戏方法

1. 确定出题者。

2. 出题者先说"石头剪刀布"中的一个。

3. 对方在1秒钟之内说出让自己输的答案。比如出题者说"剪刀"，对方需要在1秒钟之内说出"布"。一般"石头剪刀布"是同时出动作决定胜负，这个游戏则不同，出题者先出"剪刀"，对方不出战胜剪刀的"石头"，而是迅速出"布"才算成功。

4. 如果思考时间太长或者习惯性地给出自认为会获胜的答案，就算输了。

游戏 Tips

1. 如果孩子在理解和应用新规则时感觉困难，可以调节游戏速度。

2. 如果孩子在游戏中接连失败，可以先玩"取胜的石头剪刀布"，然后再回到"失败的石头剪刀布"，以此维持孩子的兴趣。

3. 从"用手做的石头剪刀布"换到"用脚做的石头剪刀布"，不但可以扩大孩子的身体活动范围，孩子也会因为新的游戏方式而开心。

转换注意力游戏三 数字或词语换着说

如果转换注意力不足，就容易受到外界刺激的影响。有的孩子不由自主地被电视吸引，一动不动地看电视，这就需要与外界刺激对抗，积极做转换注意力的练习。换着说可以对抗外界刺激，做出不同反应，从而提高转换注意力。

游戏方法

1. 父母出示特定数字或词语，孩子变换着说出来。比如指示语是"1"，就说"2"，指示语是"2"，就说"1"。或者把"白天"换成"黑夜"，把"黑夜"换成"白天"。

2. 说明规则之后，可以写在纸上给孩子看，练习换着说。

3. 等到孩子熟悉得差不多时，可以说出指示语。

4. 开始只说一个数字或词语，渐渐地增加数量，比如"1、2→2、1"或"2、2、1→1、1、2"，"黑夜、白天→白天、黑夜"或者"白天、黑夜、黑夜→黑夜、白天、白天"。

5. 由孩子给出指示语。

游戏 Tips

1. 父母给出指示语，孩子尽可能以最快的速度做出反应。

2. 增加指示语的数量时，要考虑孩子的年龄和水平。

3. 成功完成"换着说"之后，要表扬孩子，然后改变方式做出和语言不同的动作。比如说"举起右手"，就举左手；说"向右转"，就向左转。

积累学习力的四种转换注意力游戏

转换注意力游戏一　点名

点名游戏能够同时给孩子带来视觉刺激和听觉刺激。两种刺激会指示同一对象，也有可能指示不同对象，所以既要集中注意力，还要学会迅速转换注意力。

主持游戏的人要指向孩子，呼唤孩子的姓名。被呼唤的对象可以随机变换，有时是孩子，有时是玩偶。

游戏方法

1. 准备老虎、熊、小狗、猩猩四个玩偶。

2. 把玩偶摆放整齐,孩子坐在中间。

3. 父母坐在前面,指着孩子呼唤姓名。

4. 听到父母呼唤自己,孩子回答"到"。

5. 如果父母指着孩子呼唤老虎玩偶,孩子不能回答,而是迅速指向老虎玩偶。

6. 继续游戏,家长指着孩子,随机呼唤孩子姓名或玩偶。

7. 由孩子担任主持人,重新开始游戏。

游戏 Tips

1. 孩子需要记住左右两侧的玩偶位置,做出符合游戏规则的动作。

2. 同时对视觉刺激和听觉刺激做出反应并不容易,所以要事先练习,然后再进行游戏。

3. 同时面对父母的动作和声音,也许孩子还不能顺利地转换注意力,导致做出错误的反应。要根据孩子的年龄以及对游戏的熟练程度调节游戏速度。

4. 如果孩子熟悉了游戏,还可以提高难度,组成搭档,变换指示。比如把狗和猩猩分成一组,呼唤狗的时候,就要指向猩猩。

5.父母和孩子轮流主持游戏，孩子会玩得更开心。

6.如有必要，还可以制定奖惩规则，增强游戏的紧张感。

转换注意力游戏二　按数字铃

这个游戏的规则是当特定序列的数字出现时，立刻按铃。即使是讨厌数学的孩子，也会因为按铃动作而愉快地参与游戏。和朋友玩的时候，孩子的竞争心理被激发，被赋予更强烈的专注动机。原本倾注于听觉刺激的注意力，需要迅速转移到按铃的行为中来，因此可以训练转换注意力。

游戏方法

1.制定规则时，比如"当2后面出现1时，就按铃"。

2.认真听数字，出现规则中的数字就按铃。

3.按规则按铃，可以得1分。

4.还可以规定，如果在不该按铃时错误地按铃，减1分。

5.或像下面这样事先做好出题单，写上将要念出的数字。

6.可以和孩子商量，制定更多的游戏规则，比如"2后面出现1""1后面出现2""两个1后面出现2"。

2后面出现1	1	1	1	1	2	2	2	2	①	2	2	①	1	1	2	2	2	①
1后面出现2	1	1	1	1	②	2	2	2	1	②	1	②	2	1	1	②	2	2
两个1后面出现2	1	1	1	1	②	2	2	1	2	2	1	1	②	2	1	2	2	1

7. 把铃放在中间，开始游戏。

8. 如果孩子在正确的时间按了铃，在上面的出题单上做标记并计入总分。

9. 如果参与者在两人以上，只要给上面的出题单增加一栏即可。

游戏 Tips

1. 这个游戏只是不停地念数字，孩子容易失去兴趣。可以变换声音和语调，或大声或小声，或快速或慢速，或者用有趣而滑稽的声音调动孩子的兴趣。

2. 游戏目的是训练注意力的转换，没有必要把游戏难度提得过高。

3. 如果没有铃，可以拍手或拍桌子，也可以用木琴或小鼓代替。

转换注意力游戏三　连接数字和字母

对转换注意力不足的孩子来说，专注于某项活动的时间越长，注意力转换就越困难。那么，可以先将持续的注意力暂时中断，然后转移到其他活动。这个轮流连接数字和字母的游戏正好符合要求。

游戏方法

1. 在纸上随意写 1—10 的数字。

2. 按照同样的方式添加从 A 到 J 的字母。

3. 1→A→2→B→3→C→4→D→5→E→6→F→7→G→8→H→9→I→10→J，按照一个数字一个字母的顺序连起来。

4. 孩子在连接数字和字母的时候，父母在旁边小声说"停！"这时，孩子要放下铅笔，看向父母。

5. 当父母说"重新开始"时，孩子重新寻找连接顺序。

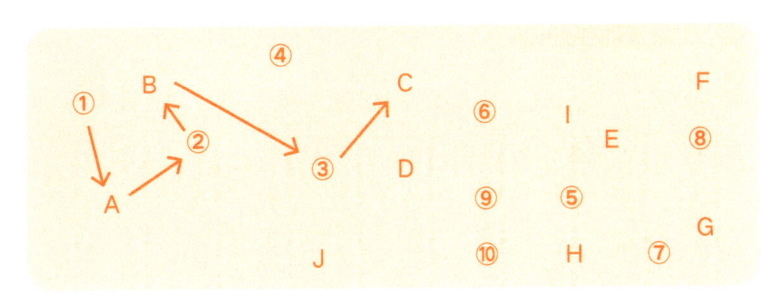

6. 孩子专心致志连接数字和字母的时候，父母再说"停！"

7.重复这个过程，直到所有数字和字母都连接完成。

> 🟠 **游戏 Tips**

1.为了激发孩子的动力，家长可以和孩子一起制作游戏板。

2.根据孩子的水平，调整数字和字母的范围及游戏时间。

3.游戏规则也可以是多种多样的，比如 1 → 2 → A → B → 3 → 4 → C → D。

4.根据孩子的水平，可以从 100 开始反着连接数字，也可以使用歌词、诗歌等。

5.父母的声音高低及中断次数也要按照孩子的水平进行调节。

转换注意力游戏四 | 快快快游戏

这是棋牌游戏，用绿色、红色、蓝色共 73 张数字卡进行。既能训练孩子根据情况和条件的变化做出迅速反应，还可以提高孩子处理问题的速度。要想在游戏中获胜，必须专心致志地迅速计算卡片上的题目。当题目变换时，注意力也要立刻转换，重新开始计算。当竞争激烈时，要以最快的速度算出答案，所以需要迅速转换注意力。这时就可以进行维持注意力的高强度训练。

游戏方法

1. 在各种颜色的卡片中央大大地写上 1—10 的数字。在数字右上角写 ±1（绿色卡片）、±2（蓝色卡片）或 ±3（红色卡片）。这是在卡片中央的大数字基础上加减1、2、3的标志。

2. 快速算出答案，并抢先打出写上答案的卡片。

3. 再按照下一张卡片上的条件写出答案，打出卡片。

4. 混合 73 张卡片，最上面的一张放在桌面，其他卡片分发给游戏参与者，以此开始游戏。无法继续计算的时候，所剩卡片最少者获胜。

游戏 Tips

1. 为了不让计算不熟练的孩子过早放弃，开始可以慢慢地出声计算，还要营造愉快的氛围。

2. 像 10+2 这样结果超过 10 的情况，把减掉 10 之后剩下的数字作为答案。即使不会算 10 以上加减法的孩子也能轻松理解。

3. 如果孩子觉得算数很难，开始可以用手指慢慢计算。至于 10 以上的加减法，父母可以帮忙。

4. 如果孩子的手抓不住卡片，可以把卡片放在地上。

06
小学四至六年级孩子的
持续注意力培养

•• 坚持完成艰难又无聊的任务所需的持续注意力练习

持续注意力是持续专注于自己需要的刺激和信息或指定的任务的能力。如果持续注意力不足，孩子就会坐不住、走神，无法完成任务。无论怎样批评或鼓励，孩子都没有改善的迹象，应该怎么办呢？

这时仅仅批评或鼓励都解决不了问题。孩子无法专注于自己需要的信息，原因有很多种，最常见的是对活动缺乏兴趣。要想培养持续注意力，最重要的是调动孩子的主动态度和自发性。只有对某件事产生兴趣，产生挑战欲望时，才能发挥持续注意力。

如果孩子不喜欢文字，阅读有困难，却让他玩阅读量很大的棋盘游戏会怎么样呢？当然从游戏开始就不会顺利。即使哄着开始了游戏，孩子也会不停地问"什么时候结束""玩完这个可以做别的吗""算你赢了",只想着快点儿结束这个游戏。

我们的大脑会把精力优先集中于情绪问题。孩子早已产生对阅读的不悦情绪,没有足够的能量发挥持续注意力,这时可以通过愉快的游戏体验培养孩子的持续注意力。

下面介绍七种游戏,大部分都是和家人、朋友一起玩的游戏,孩子会很感兴趣,主动参与性很高。我们的目标是让孩子专注于视觉刺激或听觉刺激,不受外界妨碍性刺激或他人的影响,专心完成自己应该完成的任务,长时间保持注意力,探索以战略思维为基础解决问题的潜力。

通过这些活动坚持不懈地培养孩子的持续注意力,让孩子在面临更困难的任务时也不放弃。越到高年级,孩子上课时需要完成的任务也越多,作业量变得繁重。如果孩子的持续注意力不足,那就有必要练习如何保持注意力,直到任务或活动结束。

•• 改善日常生活的三种持续注意力游戏

持续注意力游戏一　禁止左转迷宫

如果孩子已经熟悉了走迷宫,可以挑战禁止左转迷宫。玩游戏的时候只能前进和右转,不能左转。需要左转的地方,可以陪着孩子研究到达的新方法，比如P型转弯。按照已知的方式走路，遇到困难时很容易分散注意力，导致半途而废。这个游戏需要孩子具备中途不放弃、持续专注的能力，需要慎重思考之后行动的能力，以及工作记忆力等。尽管游戏中禁止左转的条件妨碍了孩子注意力的持续，然而坚持到底之后又会收获很大的成就感和对P型转弯的新奇感，这些都将帮助孩子提升持续注意力。

游戏方法

1. 提供（不用左转也能找到出路的）迷宫，让孩子去走。
2. 如果孩子走得很轻松，可以加上禁止左转的规则。
3. 如果孩子问不左转怎么走，父母可以做P型转弯示范。
4. P型转弯可以使用多次。
5. 可以搜索各种各样的禁止左转迷宫，不过和孩子一起亲自制作迷宫也很有意思。

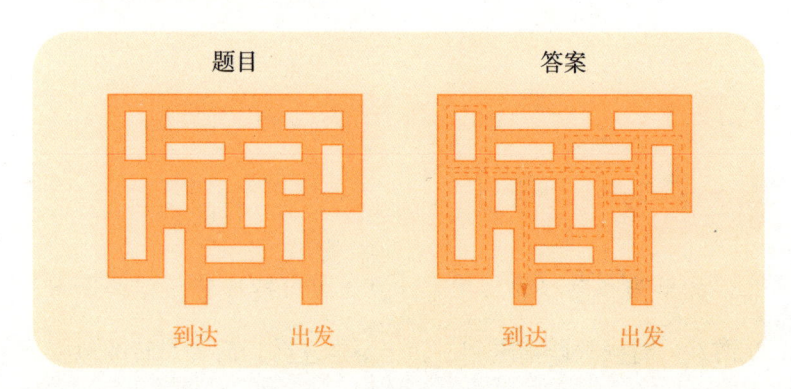

游戏 Tips

1. 走迷宫是从复杂的岔路中寻找终点的游戏,走出迷宫需要很长时间,有助于长时间持续注意力的训练。

2. 走迷宫游戏需要发挥多种认知能力,哪怕稍微提高难度,孩子都会感觉很难。重要的是鼓励和引导孩子,帮助孩子在遇到难关时战胜挫折。

3. 大家都熟悉普通的走迷宫,第一次接触这个游戏的时候,总是会想要左转。告诉孩子禁止左转的规则,同时鼓励孩子不要按照以前的习惯移动,要慎重而缓慢地寻找出路。多做示范,多练习,指导孩子熟悉新的走法。

持续注意力游戏二　立体四子棋

立体四子棋游戏是双方面对面站着,轮到自己时就在壁板上放一颗圆形棋子,谁能最先在横向、纵向或对角线方向连续放置四颗棋子,谁就获胜。为了成功连接自己的棋子,不但要认真观察横向、纵向和对角线,还要观察对方的棋子,进行有效的防守,以掌握整个游戏的进度,所以需要发挥持续注意力。

> 游戏方法

1. 通过"石头剪刀布"决定顺序，或由年纪小的先开始。

2. 先开始的人确定棋子的颜色，把棋子一颗一颗放在壁板上。

3. 后面的人放入另一种颜色的棋子。

4. 横向、纵向、对角线，无论哪个方向，先连起四颗棋子的一方获胜。

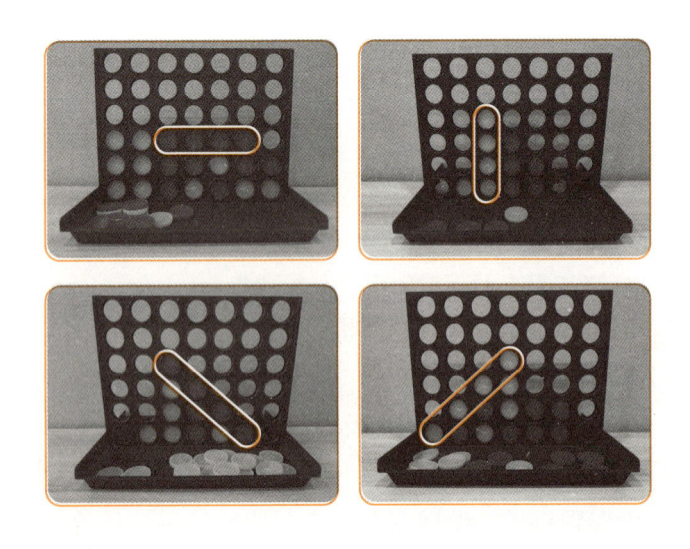

> 游戏 Tips

1. 通过举例和示范，帮助孩子熟悉连起四颗棋子的方法，游戏途中也要给孩子提示和等待时间。

2. 注意力不足的孩子，即使已经连起四颗棋子也发现不了。这时可以教孩子慢慢观察。

3. 等孩子熟悉游戏之后，指导孩子在自己放完棋子后预判对方会放哪里，为了完成四子相连，放在哪个位置最好。

4. 如果孩子玩得很好，可以挑战三维立体四子棋。

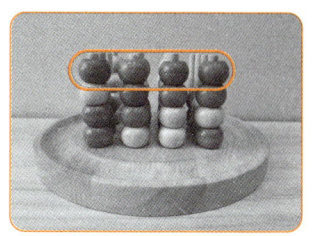

持续注意力游戏三　不是五子棋

"不是五子棋"，正如其名，这不是五子棋游戏。只要按照游戏规则专注于自己的任务，不要分散注意力就可以了。有的孩子求胜心切，常常忘了自己的目标，专注于阻碍对方，不让对方连起五颗棋子。这是竞争行为惯性化的结果。这个游戏有助于孩子明确自己的目标，不受习惯意识的影响，提高持续注意力。

游戏方法

1. 确定各自的标志,比如☆、○、△等。

2. 轮到自己的时候,在下面的方格纸上画自己的标志。

3. 如果自己的标志出现了连续的四个,可以得1分,连续五个得2分,连续六个得3分,连续七个以上得4分。

4. 没有继续画的空间时,游戏结束,计算分数。

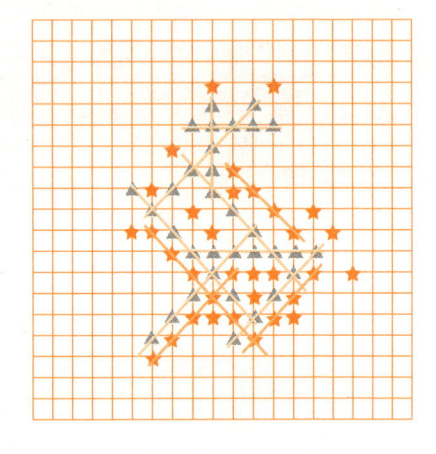

5. 总分最多者获胜。

参与者	标志	分数	总计
孩子	☆	连续四个:1分×2个=2分 连续五个:2分×1个=2分 连续六个:3分×1个=3分 连续七个以上:0个	7分
家长	△	连续四个:0个 连续五个:2分×3个=6分 连续六个:3分×3个=9分 连续七个以上:4分×2个=8分	23分

> 游戏 Tips

1. 游戏开始前，让孩子阅读游戏名称和说明，并且思考。还可以告诉孩子不要忘记游戏方法，即使心里有很多想法也不要分散注意力，只有这样才能获胜。

2. 这个游戏要求孩子专心做一件事。对于想法很多、注意力分散、很难持续专注的孩子来说有很大的帮助，同时还能引导孩子反省自己内心的状态变化。

3. 游戏结束后，和孩子一起坦率交流竞争心理和情绪的调节，也很有意义。

积累学习力的四种持续注意力游戏

持续注意力游戏一　在方格里模仿画图形

孩子对视觉刺激和听觉刺激都很敏感，能够准确地看和听，如果没有培养出坚持到最后的能力，到了高年级时学习就会遇到困难。书也读了，课也听了，还是记不住内容。

对于这样的孩子，基本的训练可以让他们的学习过程变得更加扎实稳固。比如在方格里模仿画图形，这时视线要按顺序移动，准确看到每一个文字、数字、符号和图形，然后照写照画出来，整个过程中注意力不要中断，持续到最后。清楚地数出横向和纵向的方格数，分辨图形，聚焦于一行一列，按顺序完成任务。

游戏方法

1. 制作 8×8（格）或 10×10（格）的方格纸。可以用尺子和孩子一起制作，也可以用电脑制作，然后打印出来。

2. 如果是小学生，最好是自己动手制作方格纸。

3. 父母和孩子都用数字、符号、图形做一张类似下面的方格纸。

4. 看着对方制作的方格纸，照写照画下来。

5. 结束之后认真检查，看看哪些正确，哪些错了，然后互相评分。

游戏 Tips

1. 一起数方格，帮助孩子准确找到应该照写照画的位置。

2. 如果孩子写数字或画图形感到困难，可以先在方格外的空白处练习，再写或画到方格里。

3. 如果孩子难以专注于游戏，可以为每行每列编号，以坐标的形式帮助孩子理解。

4. 先不要限定时间，等孩子可以顺利完成时再设定时间，提高专注程度。

5. 最重要的是保持愉快的氛围，鼓励、赞美和引导孩子。

持续注意力游戏二　用密码写秘密短信

这是按照固定规则对文字或图形进行变形的游戏。用他人不知道的方式编写密码，或者解开密码，孩子们非常喜欢。用密码文字写一封4—5行的短信，孩子会沉浸于任务，专心地投入很长时间。这对很难长久专注的孩子来说大有益处。

游戏方法

1. 像下面这样将声母和韵母与数字或符号配对，变成密码，向孩子说明规则。

2. 一旦开始，就要坚持完成。

3. 先从简单的词语开始，再扩展到句子、段落。

4. 转换成密码之后，和孩子认真检查有没有错误。

5. 如果有错误，讨论原因。

6. 表扬孩子认真坚持，完成任务的行为。

7. 把密码谜语讲给家人听。

b	p	m	f	d	t	n
1	2	3	4	5	6	7
l	g	k	h	j	q	x
8	9	10	11	12	13	14
z	c	s	r	zh	ch	sh
15	16	17	18	19	20	21
y	w					
22	23					

a	o	e	i	u	ü	ai
☀	⚹	⌘	◎	■	◇	★
ei	ui	ao	ou	iu	ie	üe
☆	?	#	%	©	&	∅
er	an	en	in	un	ün	ang
◎	●	◆	∩	♣	♀	♥
eng	ing	ong				
◆	♪	※				

zhi	chi	shi	ri	zi	ci	si
①	②	③	④	⑤	⑥	⑦
yi	wu	yu	ye	yue	yin	yun
⑧	⑨	⑩	⑪	⑫	⑬	⑭
yuan	ying					
⑮	⑯					

冬天→ 5※6◎●

美丽的心→ 3 ☆ 8 ◎ 5 ⌘ 14 ∩

很高兴→ _____

> 游戏 Tips

1. 把句子变成密码时，先从短句开始，逐渐增加长度。

2. 每个字的声母和韵母都要认真转换，对性子急、无法持续专注的孩子来说有很大的帮助。

3. 如果注意力持续的时间比平时长，那就给予表扬，便于强化孩子的专注力。

4. 父母破解孩子的密码，孩子破解父母的密码，这样轮流进行会更有趣。

持续注意力游戏三　绕口令

玩绕口令时，想要读出声，读准确，持续专注的能力非常重要。记住并理解内容，还要读出声来，如果中途注意力分散，就很难坚持到底完成游戏。我们通过简单的绕口令训练准确的发音，同时提高孩子的持续注意力。

> 游戏方法

1. 像下面这样，出示需要发音清晰的句子。

2. 准确地读出来，不出错。

3. 读准之后，练习不看句子直接说出来。

4. 如果能不看句子准确地说出来，就算通过。

5. 最先通过五句的人获胜。

· 山羊上山山碰山羊角,水牛下水水没水牛腰。

· 坡上立着一只鹅,坡下就是一条河。宽宽的河,肥肥的鹅,鹅要过河,河要渡鹅。不知是鹅过河,还是河渡鹅。

· 七加一,再减一,加完减完等于几?七加一,再减一,加完减完还是七。

· 一平盆面,烙一平盆饼。饼碰盆,盆碰饼。

· 哥挎瓜筐过宽沟,赶快过沟看怪狗。光看怪狗瓜筐扣,瓜滚筐空哥怪狗。

· 尖尖山上放紫藤,紫藤四面挂铜铃,风吹藤动铜铃响,风住藤定铜铃定。

· 八百标兵奔北坡,北坡炮兵并排跑,炮兵怕把标兵碰,标兵怕碰炮兵炮。

游戏 Tips

1. 即使发音不清楚或出错,也要像玩趣味游戏那样进行,让孩子感受到语言游戏的快乐。

2. 孩子性急,总想挑战。父母要引导孩子在有信心准确背诵的时候挑战。

3. 如果孩子不练习,总是想要挑战,可以设定每句话有三次挑战机会。

4.白天背几句,晚上再背,像玩游戏一样,能增强孩子的记忆力和培养持续注意力。

持续注意力游戏四 计算机游戏

认真听计算题,将数字输入计算器,求得答案。这个游戏需要专心听数字和运算符号,准确按计算器的键。游戏方式很简单,不过有助于训练认真倾听和操作,对于持续专注力的训练也很有帮助。尤其是抗拒数学的孩子,可以让他们对计算产生亲切感。

游戏方法

1.准备计算器和笔记本。

2.事先在笔记本上写好题目和答案。

3.父母念笔记本上的题目,孩子用计算器进行计算,把结果记录在另一张纸上。

4.检查计算结果。

题目	答案
① 2+5+7=	①
② 32+29+41+23=	②
③ 731+249+325+158-203=	③
④ 65+54-29+45+39+364-51=	④
⑤ 55+932-43+37-119+256-32=	⑤
⑥ 226+780-32+540-29+984+31=	⑥
⑦ 690-541+34+68+98+31+49-142=	⑦
⑧ 480+320-23+461-156+34+78+28=	⑧
⑨ 190+350+573+582+45-29+60-328=	⑨
⑩ 926+138+29-49-29-58+649+2873=	⑩
正确答案个数：_____	花费的时间：____

游戏 Tips

1. 根据孩子的年龄和个性适当调整难易度。不但要考虑单位和个数，还要决定是单纯的加减法，还是包含其他运算。尤其要让孩子感觉有趣，不像是在学习。

2. 对照第一次的记录和后来的记录，讨论正确答案个数和花费的时间，如果有变化，分析原因。

3. 如果中间漏掉数字或输入错误，计算结果会出现错误，所以要鼓励孩子保持专注。

4. 如果使用手机里的计算器，屏幕上会记录孩子按过的数字，可以看出是哪里出了错。

5.把听到的数字说出来,可以判断是自己听错了所以没有准确按键,还是听得没错却没有准确按键。

6.这不是培养计算能力的游戏,不玩游戏或者在学习过程中需要计算的时候,最好不要使用计算器。这点有必要跟孩子解释清楚。

7.每次说出2—3个数字,让孩子按计算器,可以训练工作记忆力。

07 小学四至六年级孩子的分割注意力培养

•• 分割注意力练习，让孩子轻松面对高年级学业

分割注意力是指同时专注于自己需要的多种刺激或信息的能力。正如前面所说，同时专注于两件以上的事情并不容易。为了最大限度有效利用大脑的可用资源，我们的大脑设置成了自动选择一种刺激或信息并专注的程序。

需要同时专注于两件事情，其中一件必须熟练到可以自动处理的程度。比如打鼓就需要手和脚的动作分别熟练到某种程度才能完成。孩子的情况也是如此，听和写的能力，以及理解能力全部具备，才能随时在脑海里整理老师讲课的内容，跟上讲课的节奏（如果只有一件事熟练到可以自动处理的程度，而另一件事又很复杂，需要高度集中的注意力，那么想分割注意力也不可能）。

在需要分割注意力的活动中，我们要同时处理听觉刺激

和信息、视觉刺激和信息并同时投入注意力，还要调节自己的身体动作。也就是同时专注于多种刺激和身体反应，相互结合才行。即使是很容易很简单的活动，也需要将注意力有效分配到两种以上的任务中。

下面我们来介绍几种有助于提升分割注意力的游戏。开始可能不熟练，经常出错，只要慢慢进行下去，就一定能看到孩子的进步。

•• 改善日常生活的三种分割注意力游戏

分割注意力游戏一　369游戏

369游戏不需要特别的道具，随时随地都可以玩。这个游戏不仅需要脑力活动（数数和思考游戏规则），还需要身体活动（说出来的同时手上做动作），是一项复杂的分割注意力活动。轮到自己时说出合适的数字，在特定条件下转换注意力，用拍手来代替说数字。这个游戏包含着转换注意力的要素，所以优势在于可以集中训练多种注意力。

游戏方法

1. 按顺序从1开始说数字，轮到带有3、6、9的数字时就用拍手代替说数字。比如"1、2、拍手（3）、4、5、拍手

（6）、7、8、拍手（9）、10、11、12、拍手（13）、14、15、拍手（16）、17、18、拍手（19）……"

2. 如果说错了数字，或者在应该拍手的时候说了数字，就算输。

3. 开始时可以每人都有 10 分，每错一次就扣掉 1 分。

4. 当有人扣完 10 分的时候，游戏结束。

游戏 Tips

1. 跟着大家的节奏迅速说出数字，或者拍手。要想做到这点，必须记住规则，还要适时地配合身体动作。

2. 协调能力不足，动作慢或动作不准确的孩子很难跟得上游戏节奏。这时可以调节游戏速度，陪孩子练习，帮助孩子逐渐跟上节奏。

3. 跟着节奏，按照一定的速度做游戏，孩子会越来越兴奋，越发感到有趣。

4. 根据孩子的年龄和熟练程度，可以把拍手的规则定得更加复杂。

5. 可以变形为下面这种高难度游戏，拍手间隔缩短，游戏更加复杂，孩子注意力越强，越会感兴趣。

· 369 游戏还可以要求 3 的倍数也拍手：1、2、拍手（3）、

4、5、拍手（6）、7、8、拍手（9）、10、11、拍手（12）、拍手（13）、14、拍手（15）、拍手（16）、17……

·在遇到3、6、9时拍手，尾数为0和5时叫"喵呜"：1、2、拍手（3）、4、喵呜（5）、拍手（6）、7、8、拍手（9）、喵呜（10）……

分割注意力游戏二　会唱歌的蓝旗白旗

这个游戏以蓝旗白旗为基础，融入唱歌元素，需要更复杂地分割注意力。如果指令太复杂，就很难做到准确。唱歌不能间断，还要认真听指示，准确地付诸行动，对于分割注意力的发展具有很大的帮助。

游戏方法

1. 在筷子上贴彩纸，做成蓝旗和白旗。

2. 通过"石头剪刀布"决定胜负，胜者做指示，输者拿着旗一边唱歌一边听指示。

3. 从儿歌等容易唱、节奏感强的歌曲开始，熟悉之后，可以唱孩子喜欢的歌。

4. 举旗的人开始唱歌，游戏开始。如果歌曲很快结束，那就重复再唱。

5. 开始的指示要尽可能简单，容易区分，比如"举蓝旗""举白旗"等。孩子熟悉之后，可以做出稍微复杂的指示，比如"举起蓝旗，放下白旗""不要放下白旗，举起蓝旗""不要放下蓝旗，放下白旗"。

6. 如果连续五次都没出错，就表扬孩子，然后互换角色。

游戏 Tips

1. 开始时要调节指令速度，让孩子准确听到每一个字，熟悉之后可以加快速度。

2. 如果感觉一边唱歌一边举旗太难，可以先练习不唱歌的蓝旗白旗游戏，做充分的转换注意力练习。

3. 有时孩子会忘记举旗，或者中断唱歌。这时要告诉孩子，同时专注于多件事并不容易，给孩子以鼓励。

分割注意力游戏三　说一套，做一套（言行不一致游戏）

在这个游戏中，要一边说数字，一边用手指表示其他数字。比如嘴上说"3"，手指表示的却不是3，而是2、4或5。像这种用语言和手指表示不同数字的游戏对于训练分割注意力大有帮助。既要认真听对方的数字，又要伸出不同个数的手指，只有将注意力分给这两种任务，才可能成功完成游戏。

🟠 **游戏方法**

1. 通过"石头剪刀布"确定游戏双方。

2. 一方先大声说出 1—5 中的一个数字，同时用手指表示不同的数字（如口头 3，手指 5）。

3. 对方根据手指个数说出数字，同时用自己的手指表示另一个数字（口头 5，手指 4→口头 4，手指 1→口头 1，手指 2……）

4. 按照这种方式继续进行，如果口头和手指表示的是同一数字，或者说出的数字和前面人的手指个数不一样，根据游戏规则就算输了。

🟠 **游戏 Tips**

1. 对方或自己大声说出数字的时候，注意力会被剥夺，不由自主地用手指表示和嘴里说出的一样的数字。

2. 只有注意力不被听觉刺激完全夺走，同时也分割部分注意力给手指动作，才能做出正确的动作。

3. 解释清楚专注的目的和方法，有助于孩子自己调节和适度地分割注意力。

积累学习力的四种分割注意力游戏

分割注意力游戏一 按顺序寻找叫到的水果

这是利用水果卡片培养分割注意力的游戏。需要记住水果名称的顺序，看到相同卡片出现时要做出规定的动作。游戏对听觉、视觉、身体运动的分割注意力要求很高，玩得越多，孩子的分割注意力越能得到提高。

游戏方法

1. 需要4种水果卡片（比如苹果、草莓、葡萄、西瓜）约60张。

2. 如果两个人玩游戏，可以面对面坐着。如果人数在两人以上，可以围成一圈。把所有卡片混在一起平分，倒扣在面前，不看正面的图案。

3. 确定念水果名称的顺序，比如"苹果→草莓→葡萄→西瓜"。

4. 确定当念出的水果和翻开的卡片上的水果相同时的动作（比如"苹果"是"在头顶拍手"，"草莓"是"摸鼻子"，"葡萄"是"喊加油"，"西瓜"是"快速起立"）。

5. 轮到自己时，按照规定的顺序说出水果名称，同时翻开最上面的一张卡片。如果卡片上的水果和念出的水果为同一种，所有人都要迅速做出规定动作。

6. 最后做规定动作的人，或者做错动作的人，按照规则拿走所有的卡片。

7. 桌面上的卡片全部翻完时游戏结束，拥有卡片最多的人就算输了。

游戏 Tips

1. 游戏当中，孩子要记住规则，根据规则做动作。

2. 在专注于水果名称的同时还要转换注意力做出特定动作。加入这种转换注意力的要素之后，可以让孩子拥有发挥多种注意力的体验。

3. 这个游戏需要高度的专注力。游戏开始之前要按照顺序对水果名称和动作多次反复练习，引导孩子成功完成游戏。跟着节奏练习会更有趣。如果孩子觉得困难，可以把水果种类减少到3种，熟悉之后增加到5种。

4. 可以添加老虎、猴子、鸭子等特殊卡片和相应的动作（如说到"老虎"时模仿老虎的叫声，说到"猴子"时用手挠脸颊吱吱吱，说到"鸭子"时扭着屁股嘎嘎嘎）。

5. 适当提高游戏难度，对于发展分割注意力有很大的帮助，也会让孩子对使用精神力量的活动和学习产生兴趣。

分割注意力游戏二　边唱边算

这是一边大声唱歌一边在纸上计算的游戏。既要专心致志地唱歌，不唱错歌词，同时还要专心计算。这是一边唱歌一边玩黏土，或者一边搭积木一边编故事等简单分割注意力的高层次变形。通过这个游戏，可以提高孩子分割注意力的水平。到了高年级，这种高水平的分割注意力必不可少。

游戏方法

1. 选定一首熟悉的童谣，和孩子一起开心地唱。
2. 准备一张纸，写上孩子需要解答的计算题。
3. "开始！"孩子一边大声唱歌，一边开始计算。

游戏 Tips

1. 越是简单熟悉的歌曲，越能减轻孩子在计算过程中的压力。考虑到这点，父母要尽量为孩子选择合适的歌曲。
2. 如果题目中的数字超过两位数，或者是加入了减法、除法、乘法的混合运算，孩子的成功率自然会降低。
3. 父母有必要调整题目的难易度，让孩子产生挑战欲，不会失去游戏的兴趣。

分割注意力游戏三 兔子拍手！乌龟拍手！

这个游戏需要认真倾听讲述者说话，当出现特定的词语，也就是"兔子"或"乌龟"时，就要按规则拍手。这是为了提高听觉注意力而经常使用的方法。要想顺利完成任务，孩子不仅要专注于"故事"这种听觉刺激，还要专注于经常改变的规则。因为要轮流扮演讲述者的角色，所以每次规则都会发生变化。该游戏也需要分割注意力，保证孩子在专注于听觉刺激的同时，对特定的听觉刺激做出规定的身体动作。

游戏方法

1. 准备一个有趣的短故事，主人公是兔子和乌龟。
2. 也可以和孩子一起编故事。
3. 一起决定在听到哪个词语时做什么动作。
4. 第一则故事，如果听到"兔子"就拍一下手"啪"，听到"乌龟"就拍两下手"啪啪"。为了让孩子投入故事，讲述者要尽可能用生动的语调讲述。

很久很久以前，有一只兔子和一只乌龟。兔子和乌龟决定在星期六一起去郊游。乌龟准备了饭团，兔子准备了零食。兔子和乌龟如约去郊游，可是星期六车太多了，道路拥挤。兔子和乌龟在车里坐的时间太长，兔子晕车了。"哎哟，兔子要死了，救救兔子。"乌龟轻轻拍打兔子的后背。最后兔子和乌龟决定回家。

5. 气氛变得热烈，这次换人讲故事，孩子讲故事，父母拍手。第二则故事，规则发生了变化，只有"乌龟"这个词出现的时候拍手两次"啪啪"。

兔子和乌龟准备乘公交车回家，可是公交车满员了，不能上车。于是，兔子和乌龟只好步行回家。兔子提了个建议："乌龟，我们互相出谜语，输了的人背赢了的人回家。"乌龟赞同："好的，可以。"兔子说："我先出谜语，一个小姑娘，生在水中央，身穿粉红衫，坐在绿船上，是什么？"乌龟摇着头，开始思考："哦，是荷花。"兔子哭丧着脸，可是它们有约在先，它也无可奈何。于是，兔子背起乌龟慢吞吞地走着。

6. 第三则故事，父母再次成为讲述者。规则是听到"兔子"时拍手一次"啪"。

回家的路上，兔子肚子不舒服，开始呕吐起来。于是乌龟决定背兔子，将它送回家。兔子爬到乌龟背上不停地呻吟：

"哎哟，兔子要死了，救救兔子。"乌龟带着兔子回到了乌龟的家。乌龟决定为肚子不舒服的兔子煮芋头粥。芋头粥煮好了，兔子吃得津津有味。兔子非常感谢乌龟，于是兔子送给乌龟一个漂亮的兔子玩偶做礼物。兔子和乌龟紧紧拥抱在一起，互相拍着对方的后背。

7.故事结束后，孩子和父母一起讨论在哪些地方做错了动作。

> 游戏 Tips

1.告诉孩子，要把词语听完整后再拍手，这样能避免出错。孩子会认识到自己的行为，从而更加努力地调整自己的行为。

2.讲故事，听故事，玩得开心。这种体验对于孩子阅读能力和注意力的发展都有很大的帮助。

3.可以变换拍手条件做游戏。专注于根据情况不断变化的规则，这种习惯养成后，注意力会飞速发展。

分割注意力游戏四　画坐标图案

认真听指示，在方格纸上画坐标点，然后把点连接起来，完成图案。必须按照说出来的位置准确画点，才能完成正确的坐标图案。如果听错了，导致坐标点画错位置，图案会很奇怪。在这个游戏中，既要专注于听觉，准确听取坐标信息，又要专注于视觉，在方格纸上准确找到位置，这是一项同时需要视觉和听觉注意力的游戏。

游戏方法

1. 需要两张 20×20（格）的方格纸。可以直接在文具店买，也可以和孩子一起用尺子在空白纸上画方格。方格的尺寸在 1cm×2cm 左右最合适。如果孩子对这个游戏感兴趣，还可以挑战 0.5cm×0.5cm 的方格。

2. 准备一张方格纸，整理好要念给孩子听的坐标。确定七个点之后，按顺序画点，用各个点的坐标做指示语。比如，"起点是横坐标4，纵坐标1。向右移动4格，画点，然后向下移动2格……"。

3. 如果事先没有准备坐标指示语，可以每人拿出一张方格纸，父母一边画坐标，一边指示孩子。为了之后确认画得是否准确，可以在游戏过程中进行录音。

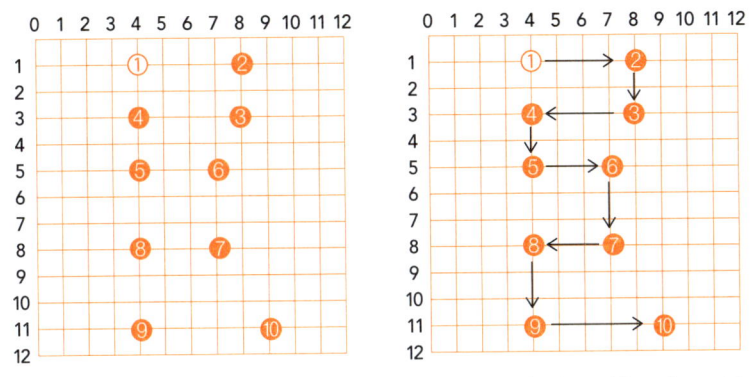

4.游戏结束后，父母和孩子可以比较各自画的坐标，寻找不同之处。

游戏 Tips

1.如果孩子年龄小，可以使用格子更小的方格纸。

2.这是一个很简单的游戏，只要按照指示画点就可以了，看似很简单的游戏，然而真正玩的时候，视觉注意力较弱的孩子会抱怨"眼睛好疼""头晕""太麻烦了"；听觉注意力较弱的孩子则听不清指令，反问"往哪边""3格吗"。所以要考虑孩子当前的注意力状态。

3.如果孩子已经熟悉游戏，可以增加指令的次数，比如"向右移动3格，再向下移动7格"。

4.孩子知道坐标按照"横坐标、纵坐标"的顺序表示之后，也可以像坐标公式那样说"（4,1）、（8,1）、（8,3）……"

5.连接坐标点的时候，如果能够形成星星、船只、汽车、宇宙飞船等特别的图案，就更好玩了。

以上是我们了解到的各种培养孩子注意力的方法。我想再强调一遍，注意力不是孩子与生俱来的能力，而是在成长过程中通过坚持不懈的训练获得的。在日常生活中，父母要帮助孩子通过各种游戏自然而然地掌握专注的技巧，持续培养他们的注意力。如果父母、老师都能多多关注，多学习怎样培养孩子的注意力，和孩子一起愉快地做游戏，那么孩子就会在积极向上的氛围中有智慧地发挥注意力和认知能力，茁壮成长。

（全书完）

原来都是注意力问题

作者 _ [韩] 李林淑 卢善美   译者 _ 徐丽红

编辑 _ 孙雪净   装帧设计 _ 朱大锤   主管 _ 阴牧云
技术编辑 _ 顾逸飞   责任印制 _ 刘世乐   出品人 _ 贺彦军

果麦
www.goldmye.com

以 微 小 的 力 量 推 动 文 明

图书在版编目（CIP）数据

原来都是注意力问题 /（韩）李林淑，（韩）卢善美著；徐丽红译. -- 广州：广东经济出版社，2025.4.
ISBN 978-7-5454-9585-0
Ⅰ. G782
中国国家版本馆CIP数据核字第2025WV1616号

Copyright © 이임숙 李林淑 Lee Im Sook 노선미 卢善美 Roh Seonmi
All Rights Reserved.
Original Korean edition published by CASSIOPEIA Publishing company.
Simplified Chinese translation copyright © 2025 by Goldmye Inc.
Simplified Chinese Character translation rights arranged through Easy Agency, SEOUL and YOUBOOK AGENCY, CHINA
本书中文简体字版权由玉流文化版权代理独家代理。

责任编辑：	黄　昱
策划编辑：	吴泽莹　李沁怡
责任校对：	陈运苗
装帧设计：	朱大锤

原来都是注意力问题
YUANLAI DOUSHI ZHUYILI WENTI

出 版 人：	刘卫平
出版发行：	广东经济出版社（广州市水荫路11号11～12楼）
印　　刷：	嘉业印刷（天津）有限公司
	（天津市静海区八号路岩峰西道）

开　　本：	880mm×1230mm　1/32	印　张：	9
版　　次：	2025年4月第1版	印　次：	2025年4月第1次
书　　号：	ISBN 978-7-5454-9585-0	字　数：	157千字
定　　价：	59.80 元

发行电话：(020) 87393830
如发现印装质量问题，请与本社联系，本社负责调换
版权所有 · 侵权必究